U0502918

红人IP思维

引爆成交的正确打法

[美] 尼尔·谢弗◎著
（Neal Schaffer）
赵倩◎译

中国科学技术出版社
·北　京·

图书在版编目（CIP）数据

红人IP思维：引爆成交的正确打法 /（美）尼尔·谢弗著；赵倩译 .— 北京：中国科学技术出版社，2022.8

书名原文：The Age of Influence: The Power of Influencers to Elevate Your Brand

ISBN 978-7-5046-9636-6

Ⅰ. ①红… Ⅱ. ①尼… ②赵… Ⅲ. ①网络营销 Ⅳ. ①F713.365.2

中国版本图书馆 CIP 数据核字（2022）第 105392 号

策划编辑	赵　嵘	**责任编辑**	孙倩倩
封面设计	仙境设计	**版式设计**	蚂蚁设计
责任校对	焦　宁	**责任印制**	李晓霖

出　　版	中国科学技术出版社
发　　行	中国科学技术出版社有限公司发行部
地　　址	北京市海淀区中关村南大街16号
邮　　编	100081
发行电话	010-62173865
传　　真	010-62173081
网　　址	http://www.cspbooks.com.cn

开　　本	880mm × 1230mm　1/32
字　　数	197千字
印　　张	9.25
版　　次	2022年8月第1版
印　　次	2022年8月第1次印刷
印　　刷	北京盛通印刷股份有限公司
书　　号	ISBN 978-7-5046-9636-6/F · 1014
定　　价	59.00元

前言

几个月前，我去商场准备购买一部新手机。当时我去了位于南加州的T-Mobile[①]商店。在销售人员为我办理业务时，我不禁想到了一个问题：你是做什么工作的？这个问题不太好回答。作为一名市场营销方面的培训师兼顾问，我扮演了很多角色，其中包括演说家、作家，甚至是影响者。而围绕影响者营销所存在的普遍误解又使上述问题变得更难回答。

但如今，这个问题的答案变得很简单。在现代零工经济[②]中，人们常常身兼数职。事实证明，那位手机销售员也是一位当地的影响者，他与附近的企业合作，指导企业与影响者合作开展营销活动，赚取商业利益。

从很多方面来说，这种相互作用正是我写本书的原因。

早在十几年前，社交媒体营销就已经出现了。时至今日，几乎所有的品牌仍然面临着社交媒体营销的考验。自社交网站聚友网

---

① T-Mobile：美国一家通信运营商。——编者注

② 零工经济：一种现代经济模式，指的是用时间短、灵活的工作形式，取代传统朝九晚五的工作形式，利用互联网和移动技术快速匹配供需方。——译者注

（MySpace）[①]出现以来，很多企业就有了社交媒体账号，但直到现在，这些企业仍然倾向于通过社交媒体向消费者打广告，而不是吸引消费者。[1]许多公司的推特（Twitter）账号仍然用广告语来发布推文。不了解社交媒体本质的公司仍在犯同样的错误。尽管参加了各类市场营销会议，学习了如何写作博客文章，但与影响者相比，市场营销人员创作的内容仍然相形见绌。社交媒体的环境在不断变化，这意味着，就算将全部资金都投放到媒体平台上做广告，宣传活动的吸引力也会逐渐降低。

对很多人而言，“照片墙”（Instagram）上的知名模特和“油管”（YouTube）上的知名游戏玩家都是具有知名度的影响者。但是，如果让影响者承揽所有的广告，就相当于在球赛开场就忽略了球。

影响者营销不是品牌方花钱让其他人在自拍的同时植入品牌广告，然后将照片上传至网络，而是沟通与合作，并建立关系。一提到影响者营销，我们常常会想到一些知名的网络红人，但从很多方面来看，我认为他们已经不属于影响者了：他们的宣传是受金钱驱使的。

我们对“影响者营销”一词的理解并不充分。大名鼎鼎的影响者成为自媒体，这种发展并没有为我们扫清理解上的障碍。认为影

---

① 聚友网（MySpace）：成立于2003年9月的社交网站。它为全球用户提供了一个集交友、个人信息分享、即时通信等多种功能于一体的互动平台。——编者注

响者就是顶级的社交媒体红人的观点，是对影响者营销的根本性误解。

人是社会性动物，我们会互相学习。就个人而言，我们会向范围更大的团体学习。我们的交流方式始终在变。从文明诞生之初，我们就在决策中相互沟通、相互影响。在世界各地发现的早期洞穴壁画都是关于猎杀某种动物的行为，原始人类通过这种方式传递信息。[2]从许多方面来说，印刷机开启了我们今天所认识的社会。它从根本上改变了信息传播的方式，使批量出版成为现实，并带来工业革命与城市发展以及众多的社会现象。近几十年来，通过大众传播、电话和互联网，人类的交流方式急速变化。现在，社交媒体再次改变了人类的交流方式。只有适应新的沟通方式，才能更好地向他人传递信息。

近年来，许多书籍、播客、博客文章与TED①演讲都讨论过建立社交媒体影响力或发挥个人影响力的最佳方法，也发表了许多关于如何建立个人品牌的行动方案。但本书有所不同。虽然本书的部分篇章会讨论如何提升个人在社交媒体上的影响力，但我的重点是利用影响者的声音，也就是我所谓的“借他人之力”传播你的信息，即向企业外部投入力量，刺激口碑营销，让其他人的声音影响你的企业形象。这不仅仅是为了树立品牌，也是为你提供工具，利用影

① TED：美国的一家私有非营利机构，以其组织的TED大会著称，大会宗旨是传播一切值得传播的创意。——译者注

响者的声音实现各种商业目标。这样一来我们可以回归到使用社交媒体的最初目的：引发有关品牌的口碑交流。

社交媒体体现了信息和交流的融合。越来越多的人通过社交媒体获取信息，沟通交流。沟通已经实现了大众化。每个人都能使用自己选择的社交平台，与那些志趣相投的人建立联系。企业逐渐意识到社交媒体用户（如员工、品牌拥护者或影响者）对信息传播的价值。

就像那位手机销售员一样，他有自己的粉丝和平台，可以在这个平台上发挥影响力，吸引当地的企业与之合作。实际上，每个人的网络形象可能都与他的现实形象不同。对顾客来说，他是手机销售员。对他的雇主来说，他是员工。对他的粉丝来说，他所说的话值得信赖。你很难一眼判断出身边每一个人的网络形象。有些人可以完成从现实世界到推特或"照片墙"的顺利转换，但有些人却做不到。一个在现实世界中领导数千人的首席执行官，到了网络世界可能就丧失了话语权。而他的某个员工可能在网上拥有数百万名关注者。与那些具有影响力的人合作，对你在网络上传播信息、摆脱数字噪声并建立有意义的关系至关重要。尽管社交网络兴衰变化，但这一原则始终不变。本书将讨论如何在网络中建立真实的关系。

在我到世界各地参加会议和服务客户的过程中，我发现与其他地方相比，东南亚地区与中国的影响者营销更加出色。在这些地区，智能手机十分普及，通过智能手机的媒介消费领先于传统的媒介消费，其增长速度与智能手机的快速增长同步。这些地区的智能手机摆脱了固定电线技术，其发展速度与规模远远超过了西方社会。随之而来的媒体影响力的大众化已通过博客、“油管”和“照片墙”用户以及一些影响者得以体现，他们通过微信和微博等中国本土的社交平台建立起社群。

这些地区的企业非常了解影响者的力量。在中国，影响者所创造的收益是欧洲的30倍。[3]在中国主要的线上购物平台之一淘宝网上，销量前十的时尚品牌中有一半品牌由影响者创立。[4]我在新加坡遇到的一个拥有众多直接面向消费者品牌的大型企业集团正在筹备一个新的美妆品牌。正如他们所说：“如果我们想让大家知道这个新品牌，除了借助影响者的力量，还能怎么做呢？”老品牌可以依靠传统广告和品牌本身进行营销，但对一家初创企业而言，避开那些“把关人①”，直接与消费者建立联系会更加有益。

许多企业都会从口碑营销入手，却并未真正理解口碑营销。通过品牌感受到快乐和成功的客户会将这种体验告诉他们的朋友，朋友又会告诉自己的朋友，以此类推。在社交媒体上进行交流的时候，企业自己写的博客文章或广告的影响力逐渐下降，很难激发口碑营销。能够刺激口碑营销的方法是借他人之力。

想想看：如果将投入付费广告与付费社交媒体的时间和金钱用于在社交媒体上有一定影响力的客户身上，并与之交流，结果会怎

① 信息在群体传播的过程中存在一些把关人，只有符合群体规范或把关人价值标准的信息内容才能进入传播通道。——译者注

样？如果将投入到社交媒体上的预算用在与他人关系的建立上，结果会怎样？这又回到了客户成功营销与客户服务之间的联系上。掌控社交媒体的是人，并将永远是人。

我想起《哈佛商业评论》（*Harvard Business Review*）上刊登的一项研究，该研究强调，品牌对客户内心的想法存在错误认识。继续读下去你就会发现，该研究通过数据证明品牌存在错误认识，对此可采取的解决办法就是影响者营销。[5]

（1）大多数消费者未必想与一个品牌建立关系。社交媒体由人掌控，社交媒体的用户更愿意与影响者而非品牌建立更深层的关系。

（2）建立关系依靠的是共同的价值观，而不是相互作用。品牌在社交媒体上活跃，不一定意味着它能与人建立关系。而影响者本身具有真实性，会吸引具有共同价值观的人，从而与他人建立关系。

我与那位手机销售员的互动充分表明，企业尚不了解如何实施影响者营销。那位销售员所在的公司很可能不知道他的影响力。作为一名直接面向客户的员工，他与品牌的密切关系及其对产品的了解是一种宝贵资源，但这种资源却未得到充分利用。在影响者营销中，这种个人的深刻见解具有强大的力量。利用员工的观点进行内容创作，鼓励员工在社交媒体上活跃起来，以此作为员工宣传计划的一部分。如果实施得当，这种方法将取得良好的效果。但许多品牌和企业尚未掌握这一点。

从很多方面来说，早在数十年之前就已经出现了影响者营销的要素。名人代言是最早利用他人的影响力传播品牌信息的方式之一。多年来，联盟营销和口碑营销一直是许多品牌战略的一部分。但在数字时代，要继续实施这些战略可能存在一定的难度。你必须要考虑：你的目标受众是谁？如何接近他们？怎样保证时间成本和金钱成本的回报？所以，数字化平台是全新的竞争领域。

社交媒体始终在变化，这是一个难以逾越的障碍。规则频繁变更，新的平台层出不穷。信息推送算法再次被修改，各种社交网络层出不穷。你不可能将精力全部放在这些事情上，这也不是明智的做法。如“照片墙”一样的视觉化社交媒体的突然崛起催生了新一代影响者，他们不同于博客、“油管”、推特中的影响者。对企业而言，视觉化的社交媒体越来越难以驾驭，但借助影响者的力量可以极大地提升企业在这一方面的表现。

利用真实的人的力量，即影响者的声音，这是另一种传播品牌信息的方式。影响者营销改变了品牌与客户及受众的沟通和互动方式，其回报远远超出传统方式所带来的回报。它依靠用户生成内容，建立社群和关系。影响者营销不仅仅是在传播信息，也是新一代的社交媒体营销。

目录

The Power of Influencers to Elevate Your Brand

THE AGE OF INFLUENCE

第一部分

为什么选择影响者营销

在深入探讨如何利用影响者营销之前，我们需要充分理解大众传播所发生的根本性变化，即通过影响者提升口碑营销的价值。有了这一基本理解，你才能明白每个企业进行影响者营销的可能性。

这一切都要从了解当今的数字化环境开始。

信息传播的本质已经发生了变化，与大众建立关系的方式也发生了变化。品牌开始利用影响者来实现营销目标。在传播品牌信息的方法中，影响者营销的发展速度最快，且有充分的理由。

社交媒体平台在全球范围内的壮大，再加上随处可见的智能手机可以让人们轻松访问这些平台，因此只要愿意，每个人都可以成为信息的发布者。每个人（或每家企业）都能有一个平台，有相应的受众或社群。尽管现在的消费者会避开传统的广告信息，数据显示74%的消费者会用一种或多种策略规避广告，但他们还是会受社交媒体的影响，他们会在这些媒体上看到自己关注和信任的人。[1]这种信任与网络影响者的出现有关，促使影响者营销得以快速发展（见图1）。过去与名人建立关系的方法并不能照搬到影响者身上。

从全球范围来看，企业通过影响者营销获得了巨大的回报，因此花在影响者身上的支出也在增加。据调查，从2015年到2020年，仅“照片墙”的全球影响者营销支出就从不足10亿美元增长到超过

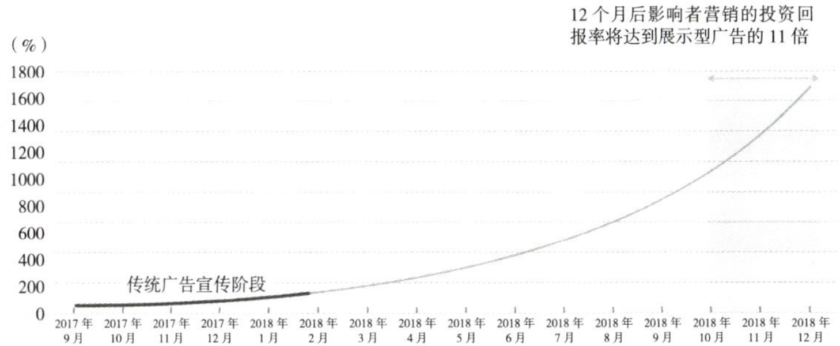

图1　影响者营销与展示型广告的投资回报率对比（仅博客文章）

资料来源：Izea（社交媒体营销平台）、TapInfluence（影响者营销服务平台）。

160亿美元（见图2）。[2]

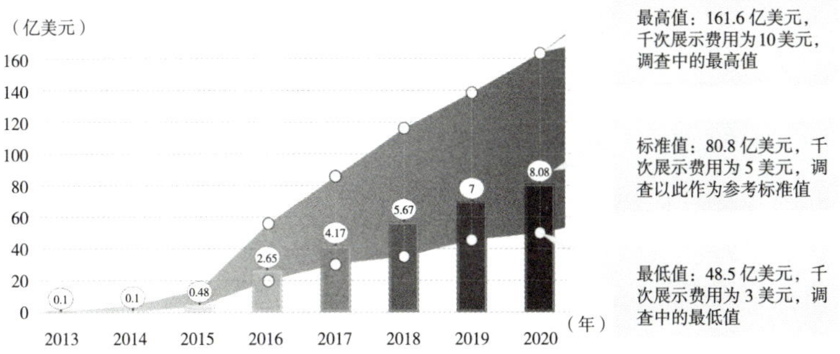

图2　全球影响者营销支出（仅“照片墙”）

资料来源：InfluencerDB（影响者营销平台）。

从世界范围内的广告支出来看，160亿美元所占比例不大，而针对投入在影响者营销方面的支出而言，这可能也只是冰山一角。

第一章

现代社会中影响力的来源

影响者营销已成为当今营销界的时髦术语。但从营销历史来看，影响者营销的基本概念一直很流行。利用拥有权威性、受众和追随者的人来传播信息，这是营销的基础。随着科技的发展，人们传递信息的方式以及那些有影响力的人的交流方式都发生了变化。数字媒体出现则进一步改变了人们的交流方式与信息传播方式。影响者营销所包含的策略能够从更长远的角度以更值得信任的方式将信息传递给人们。

影响者营销的历史

利用名人或具有影响力的人物来为一个产品背书或推广，这是几个世纪以来的基本做法。18世纪60年代，乔赛亚·韦奇伍德（Josiah Wedgwood）生产的新型陶器给当时的英国王后索菲·夏洛特[①]（Sophie Charlotte）留下了深刻的印象，她允许韦奇伍德将其命名为“王后陶”，这是第一个有文献记载的名人代言。[1]王室的认可使韦奇伍德成为广受欢迎的品牌。

1849年，约翰·雅克（John Jaques）与纳撒尼尔·库克（Nathaniel

① 索菲·夏洛特是英国国王乔治三世的妻子。——编者注

Cook）设计了一套新象棋，他们请英国的国际象棋大师霍华德·斯汤顿（Howard Staunton）在他的报纸专栏中介绍这套棋子。[2]让一位时任国际象棋大师在自己的专栏中为新象棋背书，这能让有关新产品的新闻得到有效传播。实际上，它的效果超出了预期：斯汤顿非常喜欢这套象棋，他不仅在专栏中对它们进行了介绍和背书，还指出了其他人设计的棋子的不足之处。最终，这个早期的名人代言的影响进一步扩大，斯汤顿以自己的名字为这套象棋命名，每出售一套都会得到相应的分成。这套象棋至今仍然是国际象棋比赛使用的标准棋子。

19世纪末，一些公司开始邀请演员拍摄包含本公司产品信息的贸易卡①。例如，詹姆斯·刘易斯（James Lewis）和G.W.吉尔伯特（G.W.Gilbert）等著名演员装扮成各自的经典舞台角色，手里拿着JC Ayer&Co. 公司生产的产品。[3]

英裔美国女星莉莉·兰特里（Lillie Langtry）为梨牌香皂（Pears Soap）等多个品牌背书。[4]马克·吐温（Mark Twain）代言了雪茄和烟草制品。[5]

大众传媒与影响者营销的兴起

20世纪兴起的大众传媒包括广播和电视，使包括名人代言在内

① 贸易卡是类似名片大小的卡片，相当于企业分发到客户和潜在客户的社交圈的产品交换名片。——编者注

的所有营销活动变得更加普遍。最初采用这种模式的是烟草公司，后来成为美国总统的演员罗纳德·里根和演员詹姆斯·斯图尔特（James Stewart）代言了切斯特菲尔德（Chesterfield）等品牌。[6]贝比·鲁斯（Babe Ruth）等运动员也代言过烟草产品。[7]电影导演阿尔弗雷德·希区柯克（Alfred Hitchcock）曾为西联汇款公司（Western Union）做宣传，因为它能实现拍摄现场的快速通信。[8]

耐克公司与迈克尔·乔丹（Michael Jordan）的合作是最著名的产品代言之一。毋庸置疑，它也改变了体育代言的方式。1984年，耐克公司与乔丹签约时，耐克已经在田径运动鞋市场占据了一席之地，但对篮球市场并不熟悉。乔丹的知名度及其在篮球场上取得的成就帮助耐克成长为我们今天所熟知的品牌。1992年巴塞罗那奥运会期间，乔丹作为耐克代言人的地位和忠诚度迎来了考验。当时，美国队的队服由锐步公司赞助，但乔丹认为，当他站在领奖台上领受金牌的时候，不应该穿着有代言品牌竞争对手标志的衣服。于是，他在颁奖典礼前走向观众席，向球迷要来美国国旗披在肩上，遮住了锐步的标志。[9]

20世纪80年代初，乔丹签名的篮球鞋改变了运动品牌的竞争方式。在那之前，从比尔·拉塞尔（Bill Russell）到威尔特·张伯伦（Wilt Chamberlain），从“魔术师”埃尔文·约翰逊（Earvin Johnson）到朱利叶斯·欧文（Julius Erving），无论知名度有多高，大多数美国职业篮球联赛（NBA）球员都穿着查克·泰勒全明星（Chuck Taylor All Stars）篮球鞋。现在，多名美国职业篮球联赛球员已拥有自己的签名鞋款。即使是非运动员也有自己的签名鞋款，比如美国歌手坎耶·维斯特（Kanye West）与耐克和阿迪达斯分别合作推出过运动鞋。[10]

人会相信他人

人具有社会属性，我们需要与他人进行交流，即使是通过网络和数字化手段。人会相信他人，这是我们工作的基础。尼尔森（Nielsen）发现，最强大和最可靠的信息来源是他人，我们信任他人，而不是来自企业或品牌的信息。约92%的人会相信朋友的推荐。[11]第二个可靠的信息来源是线上消费者的评论，约70%的人通过这种方式了解产品。第三个值得信赖的信息来源是编辑、作者或记者的社论。

对品牌而言，赢得信任意味着成功。

《爱德曼信任度晴雨表》（*Edelman Trust Barometer*）清楚地说明了信任的重要性及其对消费者购买决策的影响。[12]针对消费者选择某个品牌的决定性因素进行调查，结果发现，消费者对品牌的信任是继产品质量、便利性、价值和材料之后的第五大决定性因素。

在数字化的世界，品牌如何获得消费者的信任？常见的方式是名人代言，它能使你的品牌与名人的形象和知名度保持一致。名人的光环效应与品牌的魅力会转移到产品上。例如，我们会相信当今国际象棋大师所推荐的象棋棋子就是最好的棋子。正因如此，虽然丑闻导致很多赞助商中断了与“老虎”泰格·伍兹（Tiger Woods）

的合作，但耐克依然凭借与伍兹的合作，在高尔夫市场上的收入增长了160万美元。[13]作为有史以来最伟大的篮球明星，虽然乔丹已于2003年退役，但他的影响力不减，因此耐克继续推出乔丹篮球鞋，并创下极为可观的销售业绩。

名人的影响力之所以经久不衰，是因为名人具有权威性。当下，影响者营销出现了，并开始与名人代言竞争市场营销的预算。

2019年的一项研究发现，82%的消费者表示，他们很可能会遵循自己所关注的影响者的建议，这表明信任也发生了数字化转变。[14]推特的调查结果显示，用户对影响者的信任程度几乎等同于对朋友的信任程度。[15]

显然，信任的概念与数字技术的进步相结合，使得影响我们做出购买决策的人发生了变化，也极大地改变了我们决定购买哪个品牌的方式。

互联网如何改变影响力

我们已经看到互联网如何改变了人们交流与获取信息的方式。现在，我们能以极快的速度获得详细的知识，并以前所未有的速度进行交流。在过去的十年里，社交媒体已经从根本上改变了人们的沟通方式，简化了社交互动，同时增加了普通人成为影响者的机会。有了智能手机，你可以随时随地上网，无须局限于家或办公室。创建、发布和传播内容的方式越来越便捷，普通人也可以积聚人气，成千上万的影响者相继涌现。如果一个人在“照片墙”上拥有大量关注者，就可以称他为“照片墙”名人。

2015年，《快公司》（*Fast Company*）的一篇研究成果显示，相较于以前，某些消费者群体对名人代言的信任度有所下降。[16]即便如此，名人代言也不会完全消失。一个多世纪以来，名人代言一直是影响者营销的支柱。一些人质疑名人的所作所为与其公众形象不符，且他们为品牌背书纯粹只是为了做广告。当大家发现名人代言存在虚伪性的时候，名人影响者也会受到抵制。例如弗莱（Fyre）音乐节①，影响者为音乐节做推广并获得报酬，结果人们发现他们的推文就只是广告。[17]这次活动的组织者未能将方案落到实处，导致活动的巨大失败。这次失败也给影响者的信誉带来了负面影响。有人怀疑这种参与不是个人行为，而是带有交易性质。

少数群体对传统的名人代言尤为谨慎。布拉德·皮特（Brad Pitt）是一位电影明星，但是，如果品牌的目标受众是一个不信任好莱坞演员或者与他毫无关联的小群体，那么布拉德·皮特的代言就毫无意义。因此，越来越多的人会通过其他渠道获取自己信任的信

① 2017年在巴哈马群岛举办的Fyre音乐节一张门票要价为1.2万美元，主办方承诺将会带来奢华且独一无二、再难重现的体验。但主办方其实没有能力、经验、资格去举办一场音乐节，到了活动当天，现场还是废墟一片。这个场地其实是个采砾坑，前来参加音乐节的观众被困于此，周边根本找不到住宿之处。Fyre音乐节的创办人之一比利·麦克法兰（Billy McFarland）因诈骗罪名被判入狱6年。——编者注

息。其中包括博客作者和非名人专家，消费者个人认同的人，即更像我的人。母婴博主的兴起就是一个例子。如果品牌想与新手妈妈建立联系，与母婴博主这种利基市场①内的非名人影响者合作，可能比与好莱坞明星合作更能带来效益。谷歌公司表示，对于那些花大量时间观看网络视频的“千禧一代”②来说，“油管”红人比传统明星更有影响力。[18]

这一切都将影响者营销推向了一个新方向。与名人代言相比，超过三分之二的“千禧一代”消费者更看重同辈背书。[19]随着影响者营销开始成熟，我们也看到了非名人“同辈”影响者所带来的价值。94%的市场营销人员认为，透明和真实是影响者营销取得成功的关键，这也不足为奇。[20]

一位负责彪马公司“领跑城市（Ignite Your City）”影响者营销活动的代理机构经理总结得最好：“我们觉得，与单纯地发布宣传材料相比，让目标市场上那些真正的跑步者为彪马代言，才能更加真实地传递我们的信息。”[21]

不断有新公司涌现出来，帮助市场营销人员在这个全新领域找到影响者，与之开展合作，并帮助他们评估与影响者相关的活动。潜在影响者数量庞大，这迫使我们要借助更先进的工具，进一步了

① 利基市场是较小的，尚未发展出来的细分市场，有赢利的基础，但它并非已是企业的优势细分市场。——编者注

② “千禧一代”指出生于20世纪70年代末至90年代初的人。又称“Y一代”。——编者注

解许多社交媒体用户对各类社群的影响，这些社群几乎会讨论你能想到的任何话题。这些工具可以帮助你准确定位对你而言非常重要的人群。对大多数公司来说，邀请布拉德·皮特代言可以带来颠覆性的改变，但从目标受众、文化一致性或预算角度来说，这未必适合每个品牌或产品。利基品牌更适合进军小规模的市场。你可以利用非名人专家对特殊社群的强大影响力，获得进一步的发展。

影响者营销可以利用名人，也可以利用非名人。本书中的概念适用于任何有平台和受众的人。社交媒体使媒体专家及其影响力逐渐大众化。影响者具备真实性，或者说他们是普通人的代表，因此影响者显得更值得信赖。图片分享类的社交网站缤趣（Pinterest）[①]和“照片墙”等迎合特定群体的平台崛起，一些“油管”主播和博客作者面向更加精确细分的受众，从而吸引了大量人气，因此市场营销人员和消费者的注意力已经转移到了微型影响者的身上。受众规模的大小已经不再重要。针对特定受众的信息传播可能会取得更好的效果。

社交媒体时代影响者营销的其他优点

鼓励人们每天一边喝咖啡一边与朋友谈论你的产品或品牌，这

① 缤趣（Pinterest），其英文名是一个创意组合词，由“pin（大头钉）”和“interest（喜欢）”组合而成，指把自己喜欢的图片像拿大头钉钉在白板（board）上一样分享。——编者注

对你的营销活动有帮助吗？如果人们通过社交媒体与朋友谈论你的产品，信息便将得到快速、广泛的传播，这将对你大有好处。

通过影响者营销策略与受众建立关系也有同样的效果。虽然很多企业依然会利用影响者进行传统的限时营销活动，但与影响者建立关系，从而建立更大的社交媒体社群，这种方式具有更深远的意义。如果人们定期与你的品牌互动，他们会在社交媒体上向其影响力所覆盖的整个领域内的人分享与你有关的信息。随着时间的推移，与产品建立关系的人越来越多，你可以成功地利用其他人，包括消费者、员工、拥护者和朋友，通过社交媒体的渠道传播信息，毕竟大多数人将大部分的上网时间都花在了社交媒体上。

影响者营销是对久经考验的市场营销形式的扩展。社交媒体逐渐普及，由此产生的影响力日益大众化，因此，为了持续赚取利润，企业也需要顺应形势，做出改变。

诺德斯特龙百货公司（Nordstrom）让我们看到了企业顺势而为产生的变化。一项研究表明，经其他网站推荐访问诺德斯特龙网站（nordstrom.com）的访客中，80%的移动端访客与近40%的桌面端访客都受到影响者驱动。[22]但是，他们是只访问网站，还是受到影响者影响从而做出了购买决策？

近日，全球电子商务公司乐天（Rakuten）进行了一项调查，充分体现了影响力在数字化平台上的大众化如何影响消费者的购买决定。[23]在美国、欧洲国家和澳大利亚，共有3600名消费者接受了调查，其中61%的人每天都会与影响者互动，35%的人每天互动多次。

近90%的受访消费者表示，他们根据从影响者那里看到的信息来购买产品，80%的人点击链接或根据图片来购买影响者推荐的产品。进一步调查后发现，74%的受访消费者会受自己所关注的影响者的影响，平均单次购物消费额高达629美元。

这些数据表明，当前的发展趋势为市场营销人员提供了无与伦比的机会，他们可以充分利用新一代影响者日益增长的商业影响力。如果近四分之三的奢侈品销量（无论是实体销量还是线上平台销量）受到消费者线上行为的影响，那么你应该衡量一下与影响者合作将对品牌产生的巨大潜在影响。[24]麦肯锡公司预测，从长期来看，这种影响只增不减，消费者在网上的行为将影响99%的线上和线下购买决策。

第二章

数字化时代的社交媒体

我们所说的影响者营销并不是一个新概念。不同的是现在的环境、媒介与方式发生了变化。社交媒体的兴起，使我们用来交流的媒体以内容为中心，这改变了我们接收信息的方式，也使我们所信任的对象以及对其产生信任的方式发生了变化。

科技一直在改变人与人之间互动和交流的方式，也改变了品牌信息的传播方式。过去企业常常会聘用推销员上门推销，让他们挨家挨户地传播品牌信息，与报纸、广播和电视等大众传播相比，这种方式能更加直接地与客户建立关系。随着电话在家庭中的普及，品牌信息的传播方式变成了电话推销。到了20世纪90年代末，互联网走进家庭，通过电子邮件和搜索引擎优化进行的数字化营销流行开来。近年来，则兴起了社交媒体营销。

名人与非名人

近年来，“照片墙”以全新的方式让用户可以轻松地进行视觉内容的交互，其用户增长很快。人们很容易被精彩的视觉内容吸引。因此，“照片墙”在这一领域处于领先地位也不足为奇。在“照片墙”上的广告投资已达数十亿美元，其中很大一部分被用于影响者营销。

有趣的是，这些投资并未全部用于名人代言。有些非名人影响者已经有了上百万的关注者，因此他们的声音也很有分量。在2019年的一份报告中，“照片墙”广告收入前五位的非名人影响者分别是埃莉诺拉·庞斯（Elenora Pons）、胡达·卡坦（Huda Kattan）、卡梅隆·达拉斯（Cameron Dallas）、萨默·雷（Sommer Ray）和扎克·金（Zach King）。[1]这些名字对一般人来说可能毫无意义。但对他们的粉丝、他们所建立的社群以及他们参与的兴趣领域来说，这些人意义重大。上述5人都各有超过2000万的关注者，他们在“照片墙”发一条广告帖的价格高达14.4万美元。

看到这些名字和数字，许多人不禁要问：这是为什么？为什么这些人只是上传一张照片就能赚几万美元甚至十几万美元？

市场营销的目的始终是将你的信息传递到目标受众面前。你需要知道目标受众在哪里，他们在寻找什么，他们通过什么渠道寻找。最明显的例子是广告牌的创新：品牌知道他们的受众会出现在哪里，然后就将信息精准投放给受众。经过大量研究后，人们发现了不同信息最适合出现的地方——将家庭清洁用品的信息投放在街区广告牌上最有效，而将办公室打印机的信息投放在城市轨道交通中最有效——但是，信息一定要投放给正确的受众群体。随着受众逐渐转移到数字化平台，广告的阵地也随之迁移。

2017年12月，全球数字广告支出首次超过电视广告（见图2-1）。[2]当时有预测指出，到2019年，即第一款网页浏览器推出不到30年后，美国的数字广告将超过所有传统广告（电视、广播、纸媒）之和。[3]和大多数消费者一样，大多数市场营销人员也开始优先考虑数字化平台。

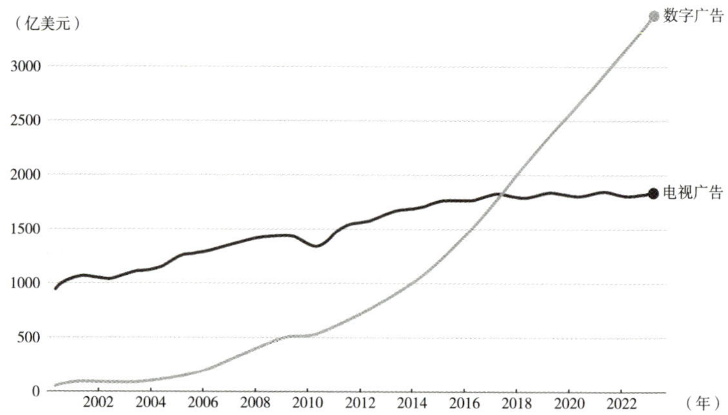

注：2017年以后的数据为预测值。

图2-1　全球数字广告与电视广告支出对比

资料来源：Magna/Vox。

数字广告的支出还没有进入稳定阶段。在电视广告支出停滞不前的情况下，数字广告的支出将继续增长（见图2-2）。消费者和受众与电视之间的关系发生了变化。电视已经不再是人们观看节目的唯一媒介。许多流媒体服务已经删除或限制了广告，这意味着广告不得不寻找其他方式以便让观众看到。广告支出也会随着观众的转移而转移。

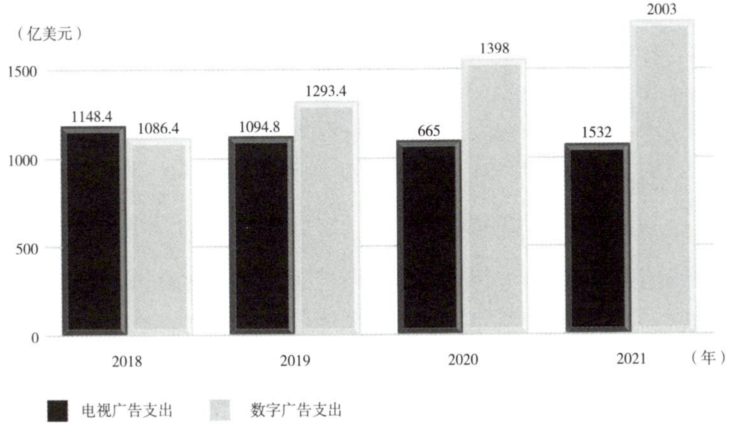

注：2020年、2021年数据为预测数据。

图2-2　美国数字广告与电视广告支出对比

资料来源：Emarketer（市场研究机构）。

始终在线

品牌首先需要考虑数字化平台，因为他们的受众和消费者已经这样做了。在电视广告的全盛时期，为了让受众看到信息，品牌付出了巨大的努力。现在，社交媒体逐渐吸引了人们的眼球。消费者的注意力和时间都花在了这些平台上，因此品牌也应该把钱花在这些地方。

过去，电视广告受制于数量有限的电视频道。现在，有了社交媒体，人人都有可能成为一个电视频道，有各种方法和平台，能以多种形式发布作品、表达观点。“照片墙”中的影响者与人们互动，发展自己的网络，建立社群。他们是各自领域内的权威，所发布的每一条消息都能引起注意。

随着受众转移到数字渠道，品牌在其数字化媒体战略中也有多种推广品牌信息的方式。数字基础设施的支柱显然是网站和越来越多的智能手机应用程序，后者构成了品牌信息的基础。由于大多数人会上网搜索，因此你需要进行搜索引擎优化，确保你的网站出现在搜索结果中。电子邮件营销仍然是最强大的工具之一。[4]这些营销渠道构成了传统数字营销的基础。

据我所见，数字营销的创新在于数字化社交的层面，包括内容营销，即博客、免费社交媒体与付费社交媒体营销以及影响者营销（见图2-3）。影响者营销就是在数字化平台上，利用员工、关注者和影响者在社交媒体上的影响建立关系。

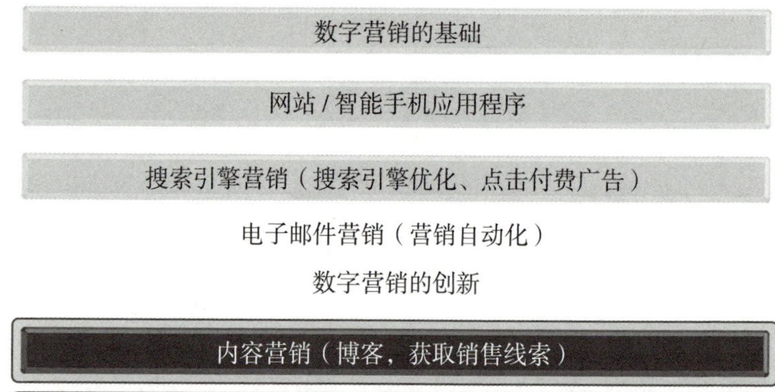

图2-3　数字营销的基础及创新

内容营销、付费社交媒体与免费社交媒体营销以及影响者营销都与社交媒体密切相关。这些是最能产生创新的领域，也是最需要增加支出并促进发展的领域。

数字化转型

我们获取信息的方式与客户吸收信息的方式都发生了根本性的变化。

市场营销基本指南都会提到“买家旅程（Buyer’s Journey）”，这是一个线性模型，分为认识（品牌认知）、考虑（权衡优缺点）、行动（做出购买决定）三个阶段。这是所有营销活动的基础。在20世纪，品牌的普遍做法是尽可能掌控前两个阶段，同时把握品牌的呈现方式，以推动销售。现在，消费者的购买方式及其与品牌建立联系的方式发生了变化。客户获取信息的方式已然改变，因此品牌传播信息的方式也必须做出相应的变化。

一般的思路是通过平面媒体、贸易展、电视和广播节目以及广告牌来提高品牌的知名度。如果你的品牌没有知名度，买家没有意识到品牌的存在，他将如何做出购买产品的决定？因此，知名度是关键。过去，除了口口相传，品牌没有其他与买家建立关系的方式。因此投资主要集中于传统的交流渠道，你可以在这些地方吸引受众的注意力。你在广告上投入的资金越多，品牌吸引的眼球越多，销售量就越高。

如今，受众都在社交媒体与数字化平台上。用户生成了大量的信息，因此品牌和企业无法垄断有关品牌或产品的信息。现在，一个潜在的买家会在谷歌上搜索、阅读博客文章、浏览社交媒体的帖子、在论坛上提问，并联系曾经购买过的买家。买家可以找到自己想要的信息，你无法决定他们需要了解的信息。

市场营销界流传着一句话：超过50%的购买决策是在客户接触到你的企业之前做出的。[5]客户已经进行了调查、阅读了评论、研究了说明书。他们在寻找最符合自身需求的产品。B2B[①]研究与咨询机构Sirius Decisions的研究发现，在B2B的环境下，客户会通过网络进行调查，超过三分之二的“买家旅程”是通过数字方式完成的。[6]完全依赖销售拜访和产品演示的日子已经一去不复返。现在，品牌与客户的沟通方式已经发生了根本性的变化。也许你仍然保留了一些控制权，但从本质上来说，形势已经扭转。企业以互联网作为主要渠道，可以让消费者获取大量信息，从而占据优势。

这并非意味着品牌丧失了对信息的控制权。在不断变化的数字环境中，影响者营销能够帮助品牌在“认识”和“考虑”这两个阶段中增加吸引力。许多品牌将“买家旅程”进一步延伸，在购买之后增加了交流环节，比如让客户留下对产品的评价，或者在“照片墙”上分享他们的产品图片。

---

① B2B（Business to Business），指企业与企业之间通过电子网络系统进行产品、服务及信息的交换。——译者注

社交媒体的兴起与作用

社交媒体在当今社会发挥着举足轻重的作用。它是人们使用笔记本电脑、平板电脑和移动设备的首要原因。在美国，访问量最大的十个网站中有五个是社交媒体网站。[7]曾经的电视屏幕的受众现在转移到了其他屏幕上，而且往往还不止一个屏幕。

企业可以在这些平台上直接与客户建立关系，并借助内容和影响者与用户进行交流。这就是社交媒体所体现的信息和交流的融合。

这些社交媒体网站并不是为企业而建，它们存在的目的是方便人们的交流。以脸书（Facebook）①为例，它的初衷是与大学或高中时代的朋友重新取得联系或保持联系，与家人保持联系，或者与周围的人保持联系。领英（LinkedIn）的创立是为了方便同行交流。短信服务（SMS）最初用于通知用户收到语音邮件信息，现在它已成为主要的交流方式之一。人们将科技用于日常生活，并为了更好的生活推动科技不断向前发展。这是科技进步的方式，科技也将以这种方式继续发展。

社交媒体发展的转折点发生于2009年2月，当时全美航空公司的一架飞机紧急迫降于美国纽约州的哈德逊河上。人们最初在推特上了解到这一消息。[8]美国有线电视新闻网（CNN）在报道该事件时用了“据推特报道”这样的说法。现在，我们的信息流中不仅有旅游

① 脸书（Facebook），现已更名为元宇宙（Meta）。——编者注

图片和婴儿照片，还能让我们了解世界上正在发生的事情。皮尤研究中心（Pew Research Center）的研究发现，超过三分之二的美国人通过社交媒体获取资讯（见图2-4）。[9]

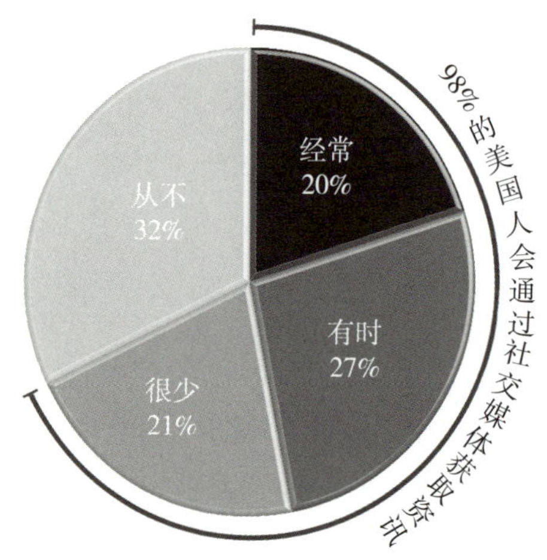

图2-4 美国人通过社交媒体获取资讯的比例

资料来源：皮尤研究中心。

社交媒体成为资讯和信息的合法来源。重要的是，如果社交媒体是信息和交流的融合，那么品牌就处于明显的劣势，因为品牌无法像人一样进行交流。品牌不能与人在同一个层面上建立联系。它无法点赞某个人的新发型，产品或应用程序不能像人一样庆祝你的团队获胜。它们试着问过一些问题，比如“周末过得怎么样？”但这样的问题只有朋友之间互相问出来才更有效。因此，品牌需要在社交媒体中扮演不同的角色。

影响消费者做出购买决定的关键因素是什么？有一项调查的结果显示，消费者90%以上的决定依赖于信任和口碑。[10]调查结果还显示，人们对网络评论的信任度达到70%。过去，只有一些特定的消息来源才能发挥这么大的影响力。人们可能会相信邻居或朋友的意见，但更多时候起引导作用的还是那些有平台可以发声的人。最常见的是记者、股票和金融分析师、运动员和名人。在B2B领域，买家也会经历同样的过程。同行评论、科技博客和其他业内人士的观点才是值得信赖的信息来源。

例如，有一家公司负责为呼叫中心提供技术支持，实施B2B影响者营销策略后，该公司与作家、学者和一位由记者转型而成的博客作者合作，他们创作了博客文章，举办了在线研讨会，讨论有关呼叫中心的重要问题。他们的合同收入的年增长率超过了30%，另一个例子是为小型企业提供基于IP的语音传输（VoIP）和宽带解决方案的供应商，该公司与一位企业家出身的作家和一位小企业发展专家合作，他们举办了多场在线研讨会，并编写了几本指导手册，帮助他们的受众做出更好的购买决定。此后，该公司的定期订购量增加了10万美元。[11]

在新的形势下，无论你是一家B2B企业，还是一个面向消费者的企业，内容都会成为企业在社交媒体中的货币。

据说人们会从自己所了解、喜欢和信任的人与品牌那里购买产品。这正是内容在社交媒体中所发挥的作用，它能使品牌受到人们的喜爱，帮助创建品牌的消费社群，品牌营销人员可以参与其中进行互动，让人们感受到品牌的可靠性和一致性，并对其产生信任。

虽然品牌努力通过内容来发挥影响力，但实际上，作为内容创作者的影响者才是这方面的大师。他们通过评论、对话、博客、播客、视频、照片、网络聊天以及各种数字和社交媒体交流方式，向网络上的其他人传递出可信赖的声音与个人关系。品牌甚至开始向影响者汲取内容，因为他们的内容是真实的用户体验，本身就具有吸引力。如果内容成为数字商业传播的核心，那么越来越多的影响者将在内容创作上发挥更大的作用。

第三章

社交媒体为人而生

市场营销策略的目的是接触到你的目标受众。社交媒体策略是对它的扩展。当品牌在社交媒体上发布内容时，总是希望自己的内容能够得到用户的自发传播，同时建立信任和更强大的品牌认同感，将潜在客户转移到营销漏斗中。

然而，品牌在社交媒体上存在一个明显的劣势，因为社交媒体的创建是为了服务于人而不是企业。社交网络算法控制着社交媒体用户的信息推送，它总是偏好人的内容，而不是企业的内容，我将在后文中对其中的原因进行讨论。

有些用户的内容在企业的目标受众的信息流中占据显要位置，企业该如何利用这些用户，这是企业要面对的挑战。

社交媒体促进市场营销的规模化

社交媒体社群发展壮大之后，往往会倾向于市场营销的规模化。与传统营销渠道的策略一样，当你通过电视或广告牌的营销取得成功后，可能会通过杂志进行平面广告宣传，接下来就是进一步扩大营销的范围，提高吸引力并获得更大的投资回报率。毫无疑问，随着用户数量的增长及其在社交网络中花费时间的增多，品牌也将逐步提高自己在社交媒体中的影响。

实现市场营销规模化的标准方法可以分解成三个方面：人、流程、工具。任何市场营销方法都可以从其中的任一方面入手，扩大营销规模。这三个方面之所以重要，是因为它们能够在某种程度上发挥作用。

常见的方法是通过增加人力扩大营销规模。你可以让更多的人参与项目，扩大团队规模，将部分工作外包，或者聘请机构为你编写信息并传播。但通过这种方式会迅速增加与劳动力相关的成本。当你的社群规模或对话数量翻倍时，社交媒体团队的规模是否也要翻倍？由于人存在不确定性，故回报可能与投资不成正比。

另一个常见的方法是调整你的流程，精确找到可以提升效率的地方，从而优化你所做的事情。分析用户反馈、内容创作或社交广告管理的流程，可能会为你带来一些想法，略微提升你的组织效率。优化信息并提高信息面向特定群体的针对性，可以减少浪费或避免低效的工作。“瘦身”显然有效，但对投资回报率的正面作用可能有限。

为工具进行投资（后文将详细讨论这一问题），以改进、扩展或提高效率，这是优化流程的另一个策略。这些工具可以针对如何优化流程、提高效率或在哪些方面需要增加投资或削减开支进行分析并提出见解。然而，在实现社交媒体营销规模化方面，这些工具也存在一定程度上的局限性。

虽然增加人力、优化流程和工具都有助于提高社交媒体活动的有效性，但随着时间的推移，难度也逐渐增大。免费的社交媒体所能触及的人群已经发生了巨大变化，并将继续朝着有利于人而不是品牌的方向发展。这么多内容夜以继日地被发布出来，供求关系改变了竞争环境。越来越多的品牌会发布信息，越来越多的声音需要被倾听，越来越多的广告得以被展示。但是，用户的信息流空间有限。人们使用社交媒体是为了与朋友保持联系，而不是为了看广告。社交网络力求在“钢丝”上保持平衡，即在传递人们希望看到的内容的同时，满足投资者的最小广告量需求。随着越来越多的信息争夺位置，只在免费社交媒体上下功夫，所能带来的回报也越来越有限。

人与社交关系

在打造品牌的过程中，应对挑战的第一步是深入了解社交媒体的运作机制。其重点不在于工具或流程，而是平台和人际联系，后者有助于提高战略的效率。当你了解了社交媒体平台，知道社交媒体的强大源于人际关系，并在人际关系上加大投入，那么你就可以充分利用用户的自发参与。

作为一个品牌或企业，在社交媒体营销中营造出自己的魅力，结果发现竞争环境已经发生了变化，这可能会让人十分恼火。但你需要接受一个事实，即竞争环境始终在变化。重要的是要理解这种变化背后的根本原因。

十几年前，我有幸参观了脸书位于美国加利福尼亚州门洛帕克市的园区。当你驶出停车场时，每位访客和员工都会经过太阳微系统公司（Sun Microsystems）的旧标识牌。在经历了几年的困境之后，太阳微系统公司于2009年被甲骨文公司（Oracle）收购。如今脸书使用了它原有的办公园区。每个员工离开园区时都会看到这个标识牌，从而想起这件事。除非人们与你的内容或产品建立紧密的关系，否则你的公司将走上雅达利公司[①]（Atari）、鲍德斯公司[②]（Borders）和太阳微系统公司的老路。对于脸书来说，它必须吸引用户不断登录账号，使用应用程序或网站。当人们注销并离开时，公司就失去了受众。因此，脸书不断改变算法、尽量减少对明显的广告的展示，并在用户的信息流中保留有趣的帖子，从而保持用户的参与度。信息流是所有社交网络的核心，其算法将决定社交网络的成败。

因此，除了企业不能像人与人那样进行有效的沟通，这种不断变化的算法也会影响你与受众建立联系。

对于一个品牌或企业来说，要想让它的信息在这种环境下扎根，就必须了解如何充分利用脸书信息流，必须知道算法的工作原理。这可不像躲在面罩后面偷看一眼那么简单。这种算法是公司机密，就像可口可乐的配方或谷歌的搜索算法一样。从该公司公开发布或谈论的信息中，我们可以得知，有超过10万个个性化因素决定

① 雅达利公司：美国著名游戏公司，已被拆分出售。——编者注

② 鲍德斯公司：美国大型图书公司，已倒闭。——编者注

着每个人看到的信息以及信息的时间长短。[1]

根据我自己的经验和该领域专家的意见，我们对社交媒体的算法进行简化，并通过图3-1中的简化公式来完成内容创建。

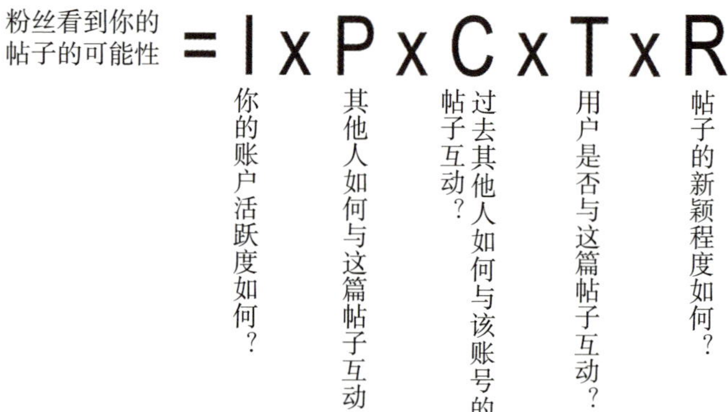

注：I（interest），兴趣；P（post），帖子；C（Creator），创作者；T（type），类型；R（Recency），发布时间。

图3-1　社交媒体算法的简化公式

资料来源：约什·康斯汀（Josh Constine）/TeshCrunch（美国的科技类博客）。

就兴趣而言，人们对人的兴趣总是会胜过对品牌的兴趣。与自己所喜欢的品牌相比，我们更偏爱自己所喜欢的人。这直接导致企业处于劣势，也解释了为什么我们看到的帖子大多来自亲密的家庭成员而不是同事。如果我们前一段时间点赞了一个商业页面，却没有了解其中的内容，那么我们就是在告诉脸书的算法，我们对它不感兴趣。正因如此，建立联系成为一种策略，能帮助更多的关注者看到更多的内容。关注者与你的内容的关系越密切，他们对你的兴趣就越高。

下面从棒球打击率的角度来分析社交媒体中的帖子。如果关注者在自己的信息流中看到你的帖子，并且积极与之互动，那么这个帖子就能被更多关注者看到。如果帖子反响不大，就不会再展示给其他关注者。

从创作者的角度来说，需要从一个更长的时间范围内思考帖子的情况。如果你发布的帖子始终有较高的参与度，脸书会认为，对你的关注者来说，你的内容是有趣的，它会假设将有更多人看到你在以后发布的帖子。这个判断基于你的社交媒体账户的全部互动历史。由于人与人的互动多于人与品牌或企业的互动，因此人的“打击率”会更高，由人发布的帖子也更容易被看到。

至于类型，我们可以通过一个简单的实验来证明，某些内容媒体的表现比其他媒体的表现更好。例如，对很多品牌而言，以文字为主的帖子的反响不如图片或视频。要找到传播信息的方法，关键是进行相关的尝试。不同类型的信息与群体对某些类型的帖子反应更好。随着时间的推移，这种情况也会发生变化，因为脸书会对算法进行战略性调整，从而有利于某些类型的内容媒体。

发布时间是不言自明的。一个今天刚发布的帖子的阅读量会比第二天的阅读量更高，除非它的相关性与参与度提高，或者得到病毒式的传播。

在每个社交网络中，所有的参与度数据都会影响每个人的信息流算法。

魔力与算法

如何才能打败算法？怎样让信息流为你效力？怎样将品牌信息传递给更多人？

第一种方法是不断尝试。不同的公司和群体适合不同的方法。你可以在一天的不同时间内尝试发布类型与内容各不相同的帖子。人各有异，正因如此，脸书会针对每个人的信息流考虑10万个相关因素，同样地，每个品牌也不一样。关注者与你的互动方式不同于他们与其他品牌的互动方式。像可口可乐这样的品牌非常具有视觉效果，关注者与它的互动方式不同于与《纽约客》（*The New Yorker*）杂志的互动。

第二种方法是为付费用户打败算法。如今许多营销者认为，社交媒体是一种付费游戏。我是付费社交媒体的忠实关注者，我的公司有这样一条政策，我们只接待准备使用付费社交媒体的客户。

事实上，付费社交媒体非常重要，它是实现社交媒体营销规模化的第四大要素（见图3–2）。

采用付费社交媒体可以让你瞄准市场，并将信息传播到你的目标市场以及你尚未触及的地方。我发现这种方法对我的确有帮助。我到一个完全陌生的地方演讲之前，有关我的信息就已经传播到了那里。对于会议演讲活动，我可以选择群体和地点，有针对性地传递信息。对从未接触过或尚未有受众的某一地区，你只需花几美元就有可能接触到该地区内的几百名目标人群。如果说社交媒体是放

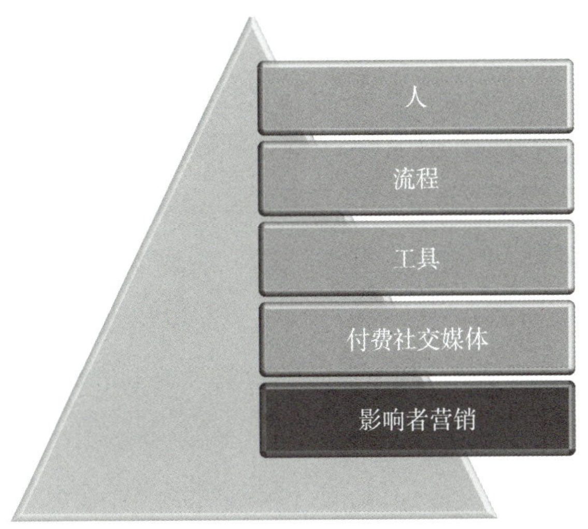

图3-2　社交媒体营销规模化

大器，那么付费社交媒体就是加速器。

我喜欢将付费社交媒体比作饮水机。无论何时，当你缺水时，或者说来自免费社交媒体的关键绩效指标与预算相比偏低的时候，你都可以立即使用付费社交媒体，实现社交媒体策略中的营销目标。付费社交媒体可以帮助你扩展社交媒体营销。

这便带来了一个问题：随着竞争的日益激烈，付费社交媒体的成本也越来越高。在调研机构Relatable 2019年发布的《影响者营销状况报告》（*State of Influencer Marketing Report*）中，350多个营销团队和机构接受了调查，其中70%的受访者认为，在脸书投放广告的成本越来越高，或者广告越来越难以优化。

社交媒体网络中充斥着用户生成内容（VGC），在这样的环境中，付费社交媒体仍然会被视为广告。因此，人们可能会犹豫不决或不愿意参与其中。有些企业和品牌在这一战略上取得了成功，并设法取得极高的点击量与参与度。另一些企业虽然满足了所有条件，却三振出局。这并不是一门精确的科学。我们也知道，消费者和社交媒体用户越来越善于屏蔽广告。

因此企业和品牌在寻找其他方法。我们现在已经到了扩展社交媒体营销活动的第五步，即影响者营销，它所利用的是人们交流的力量。如果社交媒体为人而生，而社交网络的算法又为人服务，那么，让人成为社交媒体策略的一个组成部分不是很合理吗？为了利用其他用户的声音，一些企业制定了方案，通过三种方式来利用社交媒体用户的力量：①员工宣传，利用员工的力量；②品牌宣传，利用关注者的力量；③影响者营销，利用有影响力的社交媒体用户。

有些人认为影响者营销是一种独立的社交媒体战略，但事实上，它属于同一块蛋糕，可以用相同的关键绩效指标来衡量。当我们与一个人合作时，如果此人在我们试图接触的社群中具有一定的影响力，那么无论他是局外人、客户还是员工，我们都要使用相同的影响者营销原则。

利用人的力量来推动品牌发展，这是数字营销活动的共同点。一旦你以对待影响者的方式对待你的员工和关注者，就能释放出他们在传播信息方面的潜力，使他们在社交媒体上传播你的信息。因此，我将在后面的章节（本书第七章）中讨论员工宣传与品牌宣传。

利用人的力量是影响者营销的核心。如果人们都在传播你的信息，就能解决企业无法与个人进行互动的问题。从许多方面来说，品牌在社交媒体上难以参与互动，恰好促使影响者成为重要的营销资源。每个人都是信息的发布者。社交媒体的信息流是自然互动的。优秀的品牌拥护者会以真实的语气说话，与公司和品牌相比，他们能够建立更加值得信赖的关系。

现在，任何人都可以成为影响者。改变你的社交媒体策略，与影响者合作，利用他们的声音，能够帮助你弥补品牌的劣势。

我们将在后文讨论如何实施影响者营销。现在你需要明白的是，并不是将信息扔向空中，等着它随风飘落就大功告成了。免费社交媒体营销需要通过维护关系来刺激增长，就像其他包含“自然的”一词的元素一样。

建立对话并发展人际关系是必不可少的步骤。社交媒体网站也看到了与影响者合作的好处。平台发现，它们可以在新的形势下发挥作用，在平台上进行影响者营销能够带来经济利益。缤趣等平台甚至认为与影响者合作是与市场营销人员保持联系的一种方式。

现在出现了更多的衡量工具和放大信息的手段。衡量和定位可能会为你的投资和信息带来更多价值。现在，脸书和“照片墙”允许广告商追踪影响者的帖子，并衡量这些帖子的反响。如果能看到对帖子产生反应的群体以及带来反应的帖子类型与参与度的统计信息，你就可以进一步完善这些帖子。你也可以设法提高这些帖子的吸引力，将社交媒体预算用于提升影响者的帖子质量，吸引更多的人，使广告支出获得更大的收益。这样一来，竞争环境会再一次发生变化。一旦你了解了社交媒体对人的影响及其潜力，你就能看到影响者为企业带来的巨大价值。

第四章

视觉化社交媒体

付费社交媒体之所以对现代市场营销人员具有吸引力，主要是因为营销人员希望实现免费社交媒体营销的规模化，并克服社交网络算法中对企业的固有偏见。然而，视觉化社交媒体的兴起对付费社交媒体的有效性构成了挑战，因为在这类媒体中，视觉宣传看起来就是公然打广告。视觉社交媒体带来的新挑战加快了品牌与影响者的合作步伐。

视觉化社交媒体的兴起

近年来，视觉化平台与视觉化社交媒体的兴起进一步证明了影响者营销对品牌接触目标受众的重要性。为了与客户有效沟通，无论品牌是面向客户还是B2B，原则都是一样的，品牌必须增加视觉上的互动。视觉化社交媒体让所有品牌和行业都意识到了这一原则的重要性。

新涌现出的社交媒体平台大多是视觉化平台。原有的社交媒体平台也逐渐倾向于视觉化。脸书的算法似乎更偏好推送照片和视频，图像在信息流中占据了更多空间。脸书效仿“照片墙”，也设置了“故事”功能，而这项功能的最初灵感来自一款“阅后即焚”的照片分享应用色拉布（Snap）。一个故事可以搭配多张图片，发布后将保持24小时可见，以此吸引更多人浏览，提高阅读量。直播功能也日益流行。有些人可能会将“照片墙故事”视为一个独特的社交网络。连领英的信息流中都充斥着视频和图片，直播也将紧随其后。这些新的视觉化参与开启了与社交媒体用户互动的一系列新方法，它为企业提供了无限可能，但其中也不乏陷阱。

“照片墙”迅速成长为第二大社交网络平台，这一点足以证明视觉化社交媒体的迅速崛起。其他新兴的社交网络也体现了一定的视觉化。色拉布极大程度上实现了视觉化，90%的用户年龄在13岁到24岁。[1]缤趣的目标群体相对较小，但近期社交网站访问量（该访问量是指从社交媒体之外的渠道访问该社交网站的流量）仅次于脸书。[2]通过谷歌可以搜索到缤趣的“大头钉（pin）”和“白板（board）”，这进一步提升了缤趣作为视觉化社交媒体的价值。

视觉化的帖子对人的吸引力更强。它们在社交网络的信息流中占据更多空间，对信息传播起着至关重要的作用。其中的原因涉及生物学，这超出了所有算法的能力。在人类的所有感官中，通过视觉获得的信息最多。数据显示，传输到大脑的信息中有90%是视觉信息。[3]此外，大脑对视觉信息的处理速度是文本信息的6万倍。

这意味着，你可以用图像代替文字来进行交流。尽管有句老话说，一张图片胜过千言万语，但对社交媒体而言，图片的意义远不止于此。千言万语无法像使用得当的视觉内容那样与用户建立联系。运用视觉语言是传达信息的关键。视觉化社交媒体使视觉语言变得至关重要。

为视觉营销而努力

新型视觉化交流迅速崛起，各品牌仍在努力追赶，试图将传统广告中的图像与一般社交媒体用户真实的、引人入胜的视觉资料结合起来。这个过程就是视觉营销，重要的是这种营销方式不能让交流看起来像广告。

品牌遇到了两大障碍：如何树立视觉形象或形成视觉识别系统，以及学习如何通过视觉语言进行交流。并非所有的品牌或产品都能顺利转化为视觉信息。视觉语言不是自然存在的，它是一种艺术形式。没有从事过平面广告或电视广告的公司会处于极其不利的地位。许多B2B品牌认为，视觉语言的挑战性更高。

很多品牌的业务核心缺乏视觉性。他们的产品不适合特定的视觉形象或视觉识别系统，因此转化为视觉语言的难度更高。那些成功的品牌往往会从另一个角度来看待这个问题。

关于如何使用视觉语言，我最喜欢的案例之一是马士基航运公司（Maersk Line），它击败了众多B2B和B2C[①]竞争对手，获得了欧洲数字通信奖的年度社交媒体宣传奖。[4]作为一家行业领先的航运公司，即使不使用视觉化社交媒体似乎也无可厚非。但是为什么不呢？增加视觉语言会进一步巩固品牌，使品牌与全球社交媒体的

① B2C（Business to Consumer），是指企业与消费者之间通过电子网络系统进行产品、服务及信息的交换。——译者注

受众建立联系并吸引他们。看看马士基航运公司的视觉内容，很明显，他们的视觉语言以其业务的全球覆盖率为基础。马士基航运公司在全球范围内拥有集装箱，这强化了品牌试图传达的信息。他们还在自己的社交媒体平台上展示来自全球用户的内容，表明他们的影响力真的能覆盖全球。

马士基航运公司的例子回答了品牌在创造视觉语言时可能遇到的问题。如果你的公司没有视觉语言，该如何进行互动？如果你的公司没有图片和人性化形象，社交媒体是否还起作用？B2B公司能否通过视觉化社交媒体获益？

利用视觉形象并合理地使用视觉语言进行沟通，这是一门艺术。对于那些以前没有做过平面广告或电视广告的公司来说，尤其是对许多B2B公司来说，这可能是一个巨大的挑战。

为了将自己的品牌和信息转化为视觉语言，你必须深入研究其他品牌使用的语言。对于那些擅长利用视觉信息的公司，仔细研究其“照片墙”信息流是十分重要的步骤。了解竞争对手是一个良好的开始。我将向你展示三家公司，它们用不同的方法体现了各自产品与品牌的特性。请注意，本次调查是在这三家公司图片发布的时间段内进行的，可能与这些公司最新的“照片墙”信息流反映出的方法不同。

丝芙兰公司（Sephora）是一家业内领先的化妆品零售商，在视觉营销方面倾注了大量心血。他们的色彩展示十分有趣，与标志性的黑白色店标形成对比，体现了他们所销售的化妆品背后的内涵。

以化妆品的质地为背景，加入食物和其他与化妆品颜色相同的元素，如饼干和冰激凌，再加上化妆品色彩的展示方式，这让丝芙兰脱颖而出，使它具备了强有力的视觉语言。这是展示产品的创意方式。“照片墙”的信息流中包含了一些在脸上试用化妆品的图片，以及来自其他品牌的影响者的转帖（见图4-1）。很多内容并非由品牌自己创建，而是通过策展、转载。有一些帖子呈现的是化妆品公司常用的化妆方式，但许多图片所展示的妆容不同于传统方式。事实上，内容（假设由品牌本身创造）是色彩与产品质地和元素混搭的创意展示。

图4-1　丝芙兰公司的“照片墙”信息流

以美国诺德斯特龙百货公司为例，我们看到他们有时不会在图片中显露模特的脸（见图4-2）。显然重点是产品。尽管它是一家销售各种时尚用品和家居用品的商店，但如其“照片墙”所示，它的视觉化社交媒体只涉及女性时尚，不涉及男性时尚。他们并非要通过社交媒体来传达一切，而是希望通过视觉语言传达给特定的群体，即他们在“照片墙”上的目标受众。

图4-2　诺德斯特龙百货公司的“照片墙”信息流

美国大型零售百货公司塔吉特（Target）发布的图片中完全没有人，而是通过提升内容的创造性，解决了视觉语言方面的问题，使他们的视觉化社交媒体看起来不像广告（见图4-3）。他们使用鲜艳的颜色，并以天马行空的方式来排列商店里的商品。背包变成了一张仿佛正在嘲笑我们的笑脸。甚至连“免费送货”这样的字眼也由商店销售的包装胶带拼成。这些图像的排列很稀疏，以产品为中心，富有创造性，增加了这些视觉作品的趣味性和幽默性，降低了其中的销售意味。

图4-3 塔吉特百货公司的“照片墙”信息流

这三个例子中的公司都有明确的、发展成熟的视觉语言。这些富有创造性和趣味性的视觉语言传达了品牌的态度，或从其他方面反映品牌的文化。这就是挑战所在，也是品牌难以在视觉化社交媒体上展示自己的原因。

事实上，越来越多的品牌甚至决定不在视觉化社交媒体上展示自己，而是让粉丝替他们说话。这正是迪士尼公司（The Walt Disney Company）为宣传公园所采取的措施。[5]虽然过去几十年的电影与主题乐园的历史为迪士尼乐园提供了大量可用的图片，但是，在与“照片墙”用户互动的时候，迪士尼乐园对“照片墙”用户所创建的内容进行挑选和组织，从而与粉丝制作的园内图像进行互动。对一个视觉化程度很高的品牌来说，它擅长掌控自己的形象，因此摆脱这种专业化的风格是一个相当大胆的尝试，但这种方法抓住了品牌希望在社交媒体上呈现的本质，即让人们在世界上最快乐的地方尽情探索和享受。

广告是什么

公司发布的社交媒体视觉资料与用户接收的视觉资料之间往往存在差距。如果你经营着一家大公司，或许你已经注意到，传统营销部门与新媒体团队开发和推广的材料存在差异。两者的起始目标有所不同。

以“照片墙”信息流为例，你经常会看到广告和非广告之间的明显区别。许多公司仍将社交媒体视为广告论坛和载体。实际上，社交媒体完全不同于此。你的社交媒体受众对其信息流中的广告一般都没有积极反应。社交媒体不是放置广告牌或投放电视广告的场所，它是人们可以在内容上进行互动的一个平台。如果像对待其他媒体一样对待社交媒体，你将很难与受众建立关系。

这是影响者发挥作用的地方，影响者比品牌更适合呈现视觉信息。今天的影响者通常能流利地表达视觉语言，他们深知有效的内容是什么。影响者能够与他人建立关系，因为他们本身就是人，不受品牌限制。

视觉信息的传达存在一定的难度。内容策展是发掘影响者的最简单的方法。影响者可以为你的品牌注入视觉语言的力量。影响者已经掌握了视觉语言，他与自己的关注者保持了良好的互动记录，这说明他有运用视觉语言的经验。正因如此，你会在那些新的视觉化平台上看到很多影响者营销活动。

树立视觉形象，讲述故事，然后与一个陌生的网络打交道，这个过程可能会令你犯难。因此出现了另一种影响者营销策略，即账户托管，我们将在后文详细介绍。这种策略在过去闻所未闻，但现在已经得到广泛应用。如果一个品牌希望与某个群体建立联系，它可以将自己的账户控制权交给视觉化平台上的某个影响者，该影响者了解平台，并且能够与品牌想要接触的群体进行对话。账户接管通常持续24小时，但有些品牌的接管时间长达一周。这种与影响者合作并接触用户的方式值得关注。

糖果品牌酸布丁小孩（Sour Patch Kids）认为，色拉布对于挖掘目标群体至关重要。意识到色拉布规则的不同之处后，品牌联系了目标群体中的一个重要影响者——美国知名网络红人罗根·保罗（Logan Paul）。该品牌将自己的色拉布账户托管给保罗，允许他创作内容，并通过该账户与受众和关注者互动。这项为期一周的活动为该账户增加了12万名关注者、680万次展示量和2.6万多次截屏。[6]

视觉影响力

在美国拉斯维加斯市召开的一次营销会议上，我主持了一个小组讨论会，会上一位当地知名酒店品牌的营销主管谈到，影响者经常会与他们接洽，提出在推特或“照片墙”中发布酒店住宿的信息，以换取免费住宿或产品。这是酒店和影响者的常用策略，非常普遍，以至于一些酒店现在不再通过这种方式与影响者合作，因为他们收到了太多这样的合作请求，而其中有些人可能并不像他们声称的那样具有影响力。[7]

但这家酒店的做法恰恰相反，因为他们意识到，影响者更善于通过视觉语言传达信息，这正是他们能为酒店带来的价值。如果影响者能够提供一定数量的照片和视频，并授权酒店使用，那么酒店就会与他们合作。这样一来，酒店可以在自己的免费营销和广告中使用这些图片和视频，无须依靠影响者的社交媒体信息流。通过这种方式管理互动和交易，酒店可以利用内容创作者的用户生成内容，充分发挥视觉信息的作用。它有助于创建一种统一的视觉语言，借助一个领域内的专家所创造的可重复使用的资产，获得更大的投资回报率。这是另一种类型的投资回报率，它来自与影响者的合作。与传统的短期营销活动相比，它可以产生更持久的影响力。事实上，现在有许多品牌都希望与影响者合作，其目的未必是放大自己的内容，而是利用影响者的内容创作能力，扩大甚至取代品牌内部创造的视觉资料。

案例

合一酒吧

合一酒吧（All Bar One）是英国知名的连锁简餐酒吧，以丰富的鸡尾酒菜单而闻名。为了让更多人关注新推出的夏季菜单，特别是早午餐，该品牌与影响者营销公司巧匠公司（Takumi）合作，借助影响者的力量开展营销。品牌将注意力集中于“千禧一代”的女性。

品牌邀请了10位女性微型影响者，请她们每个人发布10张自己在品牌旗下餐厅享用早午餐的照片。选定这些女性影响者的关键在于他们在品牌的目标群体中都拥有大量关注者，在美食与生活领域具有一定的吸引力和可信度。品牌看重的是微型影响者与其关注者的互动程度，而不是她的关注者数量。品牌的合作条款中还包括了图片的使用权，这意味着合一酒吧可以在其活动中重复使用图片。

将这些图片加上标签“早午餐”，发布在酒吧和影响者的“照片墙”频道中。这些帖子得到了社交媒体广告方面的支持，并通过竞赛的形式鼓励其他顾客分享自己的早午餐照片，参与者有机会获得一个迈宝瑞（Mulberry）Kite系列手提包。这种互动形式提高了顾客的参与热情，不仅宣传了早午餐，更加强了品牌的辨识度和吸引力。

这项活动持续了一个月，在此期间，餐厅的顾客增加了28%。不过，在“照片墙”上，使用“早午餐”标签的互动量上升了近600%。在其他社交网络上的互动量也增加了60%。这项活动的触及人数约为17.7万人，获得5931个赞和114条评论。整体互动率相当于4.9%。

影响者会为品牌信息赋予一种真实的、人性化的感觉，这是品牌自己无法传递的。

中国厦门航空公司与影响者合作，传递出这样一个信息：乘客可以从北美洲部分城市直飞厦门，并且能够从厦门周转，飞往亚洲各地。有一张图片传递了一名影响者的声音，她是一位母亲，也是一位家庭妇女。在图片中，她那蹒跚学步的孩子身穿漂亮的衣服，坐在一张装饰华丽的大床上，手里拿着一架厦门航空公司的飞机模型，同时配文说明他们多么希望将来能带女儿去巴厘岛之类的地方。航空公司自身无法讲述出如此令人信服的故事（见图4-4）。它

图4-4　影响者可以讲述品牌无法讲述的故事

使品牌人性化，让品牌具有真实感，也为品牌形象赋予了情感。即使品牌自己将同一张照片进行付费推广，其影响力也不及影响者自己发布照片。

事实证明，视觉化社交媒体已经成为一个强大的加速器，不仅使品牌与影响者建立关系，而且能从这些关系中获得更高的投资回报率。此外，社交网络算法偏向于人，因此，与影响者合作可以解决一个品牌难以克服的商业问题。

第五章

你的社群只是一小部分

影响者营销的作用可以归结为构建品牌的社群。品牌的客户与关注者组成的群体往往构成了该品牌在行业内的发展潜力。换句话说，认识你的人已经认识你了：通过社交媒体进行影响者营销，目的是发掘那些不完全了解或理解品牌价值的人。影响者正是借此在社交媒体所代表的数十亿名用户中推广一个品牌。

短期营销活动可以立竿见影，而营销策略可以获得长期回报。同样地，影响者宣传活动与影响者营销也存在这样的差异。必须从长远的角度出发，最大限度地利用影响者进行营销。短期营销活动往往需要较高的成本，带来的回报却不大，而影响者营销的真正价值就在于采取了长期的营销策略。

长期影响者营销并不是一次营销活动，它需要建立社群。当我在大会上演讲时，我会努力让客户明白这个要点。传统的营销活动会设置具体的关键绩效指标，并衡量投资回报率，你对这种方式可能十分熟悉，但这种营销活动的回报是短期的，并且它在很大程度上受活动开展的时间范围的限制。

与传统的营销活动相比，影响者营销的长尾效应更长，需要更多的时间和其他方面的投入，我将在后面的章节中详细阐述这一部分内容。影响者营销需要与人建立关系，这能带来更高的回报。

建立社群比营销活动更有优势，这种观念是与人建立关系的关键，也是心态发生根本性转变的基础。建立社群能够使人更加持久地聚集在你的品牌或产品周围。当建立起一个社群，你发起的任何活动都有了开始的基础，也有后续的累积效应。数字交互完全改变了构建社群的能力。

汪洋大海中的品牌

作为社交媒体海洋中的一个品牌，你在数以亿计的用户中有一种独特而孤独的气质。脸书和“照片墙”的用户均超过10亿，其他社交网络如推特和领英也各自拥有数亿用户，这些数字将你的声音衬托得十分渺小。影响者营销就是帮助你利用这些数字。

如前所述，所有的公司最初采取的都是免费的方式。建立社群只是工作的第一部分。最初，你的信息会随着社群的发展而传播，你也会确定品牌的社交媒体策略和网络形象。但社交网络的信息推送算法会降低品牌触及的人数，因此社交媒体营销成为一种付费游戏。

但是，即使你运用一切免费和付费的方式，竭尽所能，你所建立的社群也只占社交媒体中潜在社群的一小部分，你的品牌信息只能传播到目前的程度。除非你是市场上的“金刚”，否则你总会看到市场占有率比你高的竞争对手。当然，在整个策略中，你一直在将自己与竞争对手进行对比。更重要的是，你的竞争对手也只是利用了潜在社群的一小部分。

和大多数事情一样，你需要做的第一步是接受事实。为了在信息传播方面更进一步，你必须先接受这样一个事实，即不管你的社群有多大，你所利用的只是极小的一部分。

第二步是看数据。脸书广告管理工具能帮助你深入了解有关潜在受众的数据。无论是你的社群还是你的关注者，脸书都会告诉你，还有许多人对你的产品感兴趣。这些数字来自用户与各种脸书页面、讨论、群组和内容的互动结果，因此我们可以合理地假设，这是一个有数据支撑的准确数字。尽管已经进行了足够具体的搜索与筛选——用户统计数据越具体，你所了解的情况就越全面——但你仍然会发现，你建立的社群与对品牌感兴趣的人群之间存在一道巨大的鸿沟。

这道鸿沟就是潜在用户参与度中的“三角洲”。下面我们通过几个具体的案例来进一步理解这个概念。

三角洲的定义

以一家制造染发剂的公司为例。品牌建立社群，并通过常见的社交媒体宣传活动传播品牌信息，即便如此，这个社群也只是市场的一小部分。

通过脸书广告管理工具，我们发现，超过3700万人对染发感兴趣。进一步筛选可以发现，其中有1400万人在美国。

接下来，在脸书广告管理工具中，我们分析以下品牌所拥有的美国关注者数量：

伊卡璐（Clairol）（宝洁）：76万人

暗色优雅（Dark and Lovely）（欧莱雅）：11万人

自然之爱（Creme of Nature）（露华浓）：7.4万人

我们可以看到，这些著名品牌现有的关注者基础与潜在的社群之间存在差距。即使是宝洁这样的大品牌，也只开发了不足6%的潜在社群。除非伊卡璐能够吸引全部的1400万对染发感兴趣的人，否则它无法充分发挥潜在影响力。这就是潜在用户参与度的三角洲。

在这些数字背后可能还有其他需要考虑的因素。品牌也许不会服务于整个群体。在1400万人的社群中可能存在成员分区，而品牌忽略了某些分区。这些被忽视的社群成员可能包括男性，而品牌专门针对女性染发爱好者，或者品牌只针对头发为自然深色的人。你需要考虑缩小群体规模，这有助于你在未来确定自己的社群参与度的三角洲。不管怎样，我们不难发现，即便是最大的品牌，其社群人数在潜在的1400万染发爱好者中也只占一小部分。

让我们再看看汽车租赁市场，根据脸书广告管理工具提供的数据，在美国，对汽车租赁感兴趣的有840万人。针对数据公开的几家美国主要的汽车租赁公司，我们可以看到每家公司在脸书上的关注者数量：

赫兹租车公司（Hertz）：89万人

英特普莱斯租车公司（Enterprise）：21万人

国家租车公司（National）：15万人

赫兹租车公司在脸书上的关注者数量最多，但也只占潜在市场的10%左右（见图5-1）。即使考虑到人口特征与地理的限制，这片三角洲的增长潜力也是巨大的。

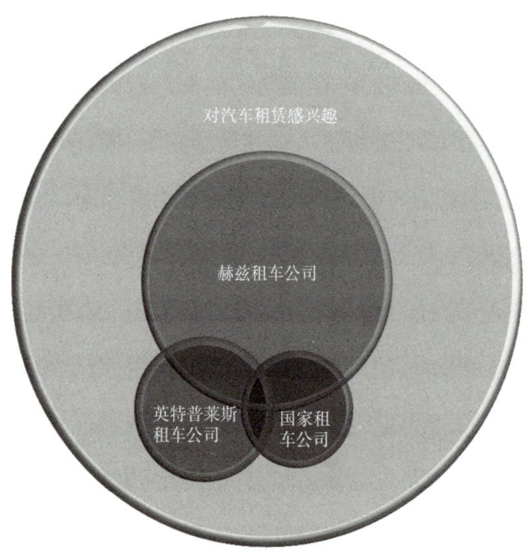

图5-1　美国汽车租赁公司的社群只占潜在市场的一小部分

与三角洲建立联系

我们可以用数字来表示三角洲。但是，如何与市场的另一部分联系起来？如何在这个三角洲上架设桥梁？

策略之一是借助付费社交媒体来放大你的信息。但是，你要付出巨大的成本和精力才能接触到那些人。将潜在用户参与度的三角洲与付费社交媒体的营销活动联系起来，并不能保证那些以前从未接触过你的品牌的人现在会通过这些广告参与进来。实施这种策略也无法保证参与度。

付费社交媒体仍然是一种广告。与你的品牌缺乏密切关系的社交媒体用户可能会通过广告认识你的品牌，但他们是否决定加入你的社群，或者与你的内容进行互动，这取决于许多因素。显然，社交媒体用户与你的品牌的关系越密切，他们与你的广告进行互动的可能性就越高。

有时候，付费社交媒体也是一种可行的策略，但要充分利用你的信息，就必须考虑建立社群，而不仅仅是组织营销活动。当你建立了一个社群后，就可以利用粉丝来扩展信息传播，进而扩大你的社群，开始影响者营销。

影响者营销的目标之一是利用社群传播信息。另一个目标是发掘社群中的影响者，他们会将你的品牌推销给自己的关注者。影响者营销就是让他人谈论你的品牌，通过口碑发展你的社群。利用影响力的大众化和其他社群，将你的信息传递给更多人。利用关注者对影响者的信任，你可以通过更加自发的方式提升你在社交媒体上的市场影响力。

影响者是一个通用的概念，适用于B2C品牌和B2B公司，甚至是非营利组织。每一个品牌或公司都能通过利用业内影响者的力量而获益。

争取他人的信任

总而言之，我们要记住两个核心事实：人们更信任他人而不是广告，社交媒体是为人而不是为商业创建的。[1]病毒式营销活动，包括冰桶挑战等成功的活动，都是通过社交媒体参与，在短期内实现增长。你可以通过影响者营销来利用社交媒体的力量，将社交媒体变成社群。

付费社交媒体有一定的局限性。但是如果对特定社群有影响力的某个人为你的品牌说了一些好话，甚至只是让他的社群看到了你的品牌，增加了用户与品牌的互动，这些都可能为你带来可观的投资回报率。在后文中，我们将介绍发展社群和自然互动能够带来的无形价值。

利用社交媒体用户对其他人和权威人士（如影响者）的信任，能够帮助品牌获得正面曝光，传播你的信息，触及更多的潜在用户。

The Power of Influencers to Elevate Your Brand

THE AGE OF INFLUENCE

第二部分

认识影响者以及与影响者合作的方式

社交媒体兴起，人们形成了自己的线上人格，这意味着每个人都能发挥一定的网络影响力。影响者拥有受众和平台，对自己的关注者具有影响力。你与影响者接触的机会比你想象的要多。要利用他们的影响力，关键是找到与你的信息相契合的人。

我们经常会遇到这个问题：“为什么影响者愿意与我合作？”答案是互惠互利。影响者也能从你身上得到一些东西，不一定是金钱。因此选择合适的影响者非常重要。你可以遵循一定的方法，从而确定你与影响者的需求是否相同，以及如何共同努力实现双方的目标。

与影响者的合作不是一次性的。正如我常说的：“影响者营销是‘婚姻’。当你与影响者建立了长期且稳定的关系之后，才有可能得到与影响者合作的真正价值以及大规模的回报。”

第六章

全面认识影响者

影响者的定义与影响力的定义一样宽泛。观察不同类型的影响者，你可以进一步了解那些最适合你的企业战略的影响者。

在讨论与哪些类型的影响者进行合作，以及他们如何适应整个社交媒体环境的时候，我们必须牢记一点，即影响者存在的意义是什么。当人们做决定时，往往会参考自己信任的人给出的建议。但是现在，通过社交媒体认识的人也会影响我们的判断，即使我们在现实中并不认识他们。

此外，人们希望听到权威又可信的声音。从传统上来说，媒体是较可靠的信息来源。无论过去还是现在，企业都会设立专门负责媒体关系的部门，以保证品牌信息能够发布给适当的人。品牌企业有发言人，可以向有影响力的人发声，再由这些人向他们的观众、听众或读者传播信息。实际上，在社交媒体出现之前，品牌企业正是通过这种新闻稿的片段来分享内容。

在社交媒体的世界中，品牌和企业也需要这些声音，核心原因在于，人们信任这些声音。

影响者之所以能产生影响，是因为他们传播的内容能够得到他人的倾听和信任。无论是电视节目还是金融市场专栏、博客文章还是"油管"频道，都有值得信赖的内容。如今，任何人都可以发布信息，任何人都有机会成为影响者，包括你的家人和朋友、同事和客户等。无论是美国点评网站Yelp上的评论、推特文章、领英帖子、“油管”视频，还是“照片墙”图片，每个人都在为受众制作内容，受众在社交媒体上所花的时间越来越多。

按关注者数量分类

让我们先对影响者进行分类。我会采用两种分类方法。一种分类方法的依据是影响者的关注者数量或社群规模。我们可以根据关注者数量将影响者分为五类（见图6-1）。请注意，以关注者数量为依据，只能对影响者进行粗略的分类，这并非精密的科学方法，但“照片墙”过滤影响者时，往往会采用这个分类体系。

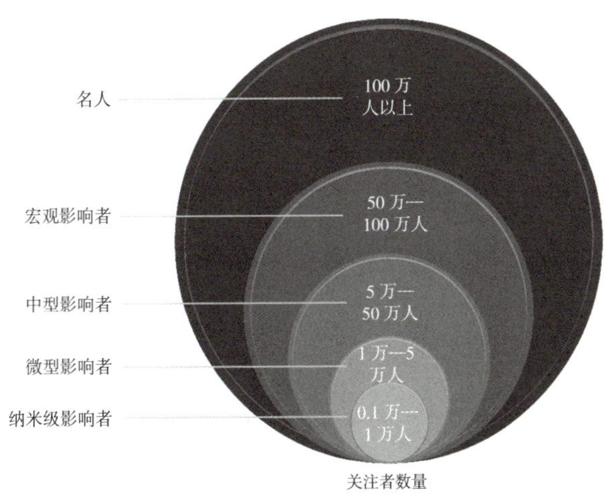

图6-1　“照片墙”的影响者分类

资料来源：MediaKix（影响者营销机构）。

受众最多的为名人，他们的社交媒体账户的关注者数量超过100万人。在这类影响者中，有很多人已经是公众人物，具有一定的受众，建立了自己的线上品牌。重要的是，我们需要记住，在社交媒体上，不是所有的名人都有影响力。如果一个人有很高的知名度，但不能转化为社交媒体影响力，那么他就不是一个影响者。除非他能将自己的受众转移到社交媒体环境中，否则，即使他的意见值得信赖，这种信任也无法在社交媒体领域内得到体现。碧昂斯（Beyoncé）、赛琳娜·戈麦斯（Selena Gomez）和泰勒·斯威夫特（Taylor Swift）等歌手都是“照片墙”上的杰出影响者。其他人，如爱尔兰U2乐队的主唱保罗·大卫·休森（Bono）或酷玩乐队（Coldplay）的主唱克里斯·马丁（Chris Martin），他们无疑都是名人，却没有将自己的受众迁移到同样有影响力的社交媒体上。尽管酷玩乐队有“照片墙”账号，但克里斯·马丁不会亲自使用。

新一代的非传统名人影响者已经出现，社交媒体使他们具有同样的影响力。老一代人可能对他们知之甚少，但年轻一代认识他们。其中包括“油管”红人罗根·保罗，他的频道订阅量2300万，此外，还有全球最具影响力的健身明星凯拉·叶钦斯（Kayla Itsines），她在“照片墙”上有1390万关注者。[1]全球收入最高的“油管”红人之一丹尼尔·米德尔顿（Daniel Middleton）最初以解说游戏《我的世界》（*Minecraft*）为主。[2]这些都是社交媒体领域内的名人，没有社交媒体，他们不可能成为影响者。

宏观影响者的关注者数量从50万到100万不等。他们的影响力很大，随着时间的推移，他们也有可能成为名人。宏观影响者的受众规模庞大，能够保证与其合作的任何品牌都能获得较高的参与度。

中型影响者的关注者数量从5万到50万不等。从中型影响者开始，影响者发帖和互动的报价开始提高。他们通常很了解社群的力量，并积极地建设社群。很多企业在与影响者合作时，会优先考虑中型或以上的影响者。这种想法无可厚非，但忽视了与较小规模社群互动的潜力。

微型影响者的关注者数量为1万到5万，他们的社群具有真实性和利基性，因而逐渐成为合作的热门对象。网络上的微型影响者数量众多，他们正在成为越来越普遍的合作对象。一份报告显示，在“照片墙”上，84%的广告帖子来自微型影响者。[3]一些平台会为影响者与品牌牵线，它们所服务的影响者都至少有1万以上的关注者。许多品牌认为这是关注者数量最少的影响者，因而忽略了关注者更少的影响者。

纳米级影响者的关注者数量为0.1万到1万，他们往往会被品牌忽视，但是，出于与微型影响者相同的原因，他们也越来越受欢迎。我也认为，他们有属于自己的位置，应当得到认可，特别是在利基市场。尽管他们的关注者不多，但他们与关注者的关系密切，能够从个人层面上更加深入地与社群进行交流。我们都知道，某些平台上的关注者数量是能够人为操控的。与一位拥有1万多名关注者但社群毫无生气的影响者相比，和参与度较高的纳米级影响者合作或许能够带来更高的回报。

案例•

牙齿美白产品海思麦澳

如今，许多初创企业品牌传播的第一步不再是采用传统广告，而是通过社交媒体直接与目标群体建立关系。影响者如何帮助你打入市场？只利用影响者就能够帮助你获得传统商业意义上的增长吗？

海思麦澳公司（HiSmile）由来自澳大利亚黄金海岸的两位朋友创立，致力于开发使用方便的牙齿美白产品。[4]从一开始，海思麦澳就看到了与影响者合作的优势。他们联系了几位影响者，将产品赠予这些影响者使用，希望影响者们在自己的社交媒体中提及该产品。海思麦澳重点关注在某些地区拥有坚定关注者的纳米级影响者和微型影响者。经过几个月的实验，海思麦澳发现，“千禧一代”的女性是最大的市场。为此，他们调整了策略。

影响者营销策略逐步发展，几年后，与海思麦澳合作的影响者超过了2000人。通过实验，海思麦澳了解到，在所有的社交媒体网络中，“照片墙”收效最佳，但海思麦澳也没有放弃其他网络。脸书在海思麦澳影响者营销活动中占据的份额较大，其次是“油管”和推特。色拉布的效果不理想，因此海思麦澳缩减了在该平台的投入，但并没有完全放弃该平台。

海思麦澳会转发并分享影响者的内容，并与他们保持交流。持续不断的评论可以保持品牌账户的新鲜度与个性化，并在与产品相关的帖子之外继续与影响者进行互动。他们还与潜在客户互动，回答客户的问题并转发牙齿美白产品的使用反馈。针对注重时尚的“千禧一代”受众，海思麦澳的信息流中囊括了大量有趣的内容。

接下来的几年间，海思麦澳取得了不错的成绩，于是决定投资更大规模的影响者营销。他们与包括凯莉·詹娜（Kylie Jenner）和康纳·麦格雷戈（Conor McGregor）在内的名人进行合作。当然，与名人影响者合作所需要的投资不仅仅是赠送产品。与麦格雷戈合作是与“千禧一代”的男性市场接轨的战略举措，希望能重现在“千禧一代”女性身上所取得的成功。该品牌继续向社交媒体的影响者投资，并取得了极大的成功。

关注者规模未必重要

影响者的关注者规模未必重要。实际上，虽然有些影响者的关注者规模庞大，但与关注者较少的影响者相比，前者的关注者参与度未必高于后者。研究表明，以“照片墙”为例，当影响者的关注者数量为1000人左右时，单个帖子的点赞率最高，达到8%。[5]随着关注者数量增加到100万以上，点赞率下降到2%以下。

关注者数量较少的影响者会受到重视和倾听。与拥有百万关注者的影响者相比，有些纳米级影响者可能会建立更加深层、私人的关系。这类影响者可以在他们的社群中发挥更大的影响力。如果一个品牌希望参与这个社群，利用这类影响者更容易达成目标。不要仅看影响者的关注者数量，应该根据以往的表现，推测出影响者的关注者参与度，这样一来，你就可以重新评估那些社群规模较小的影响者，看看他们与那些拥有较大社群但关注者参与度较低的影响者相比，如何带来更高的投资回报率。

研究表明，虽然名人魅力四射，但他们未必具有最大的影响力。营销机构Collective Bias的研究发现，70%的“千禧一代”更愿意听取非名人影响者的意见，这一发现进一步强调了关注者数量较少的影响者的重要性。[6]该研究还发现，只有3%的人会考虑购买大商店内名人代言的产品。全球有越来越多的人对名人和影响力有完全不同的“数字原生代”观点。对比发现，如果顾客要在商店内购买产品，名人推荐以及电视和平面广告等传统的广告手段是影响力最低的信息传播形式。它提醒我们，传统广告的有效性日渐降低，品牌需要采用其他营销形式来提升销量。

按品牌亲和力分类

品牌亲和力是将影响者分类的另一种方法。品牌要与不同影响者建立不同程度的密切关系，但品牌更倾向于寻找品牌外部的影响者。无论哪种情况，利用与品牌建立了密切关系的所有人几乎都能带来更大的成效。品牌倾向于从外部寻找影响者，实际上是继承了传统营销的思维方式：最好的“扩音器”都在公司之外——明星代言人或行业分析师那样说话有分量的人。但在影响者营销中，情况恰恰相反。既然每个人都可以传播信息，每个人都是潜在的影响者，那么第一步应该先与那些和你的品牌有密切关系的人进行合作，这将更加有成效。

与品牌关系最密切的是员工，他们是重要的合作对象，却常常被忽视。员工的生计与品牌的成功直接相关，所以他们自然会成为品牌最热情的拥护者。既然社交媒体是一个可以跨越几代人的主流传播渠道，那么我们可以肯定地说，当今绝大多数员工都会在社交网络中花费一定的时间，他们在网络上有自己的空间和分享信息的方式。如果品牌取得了重大成就，或者推出了让他们引以为豪的新产品，应当鼓励员工与他们的受众分享这些信息。利用员工自己的社交网络能够带来巨大利益，不仅能推广品牌，如果策略实施得当，还能提升员工的参与度。

但是，与员工在社交媒体上进行合作之前，你还需要考虑很多问题。这种合作不是让员工进行推销，也不是让你的公司在周末提供免费送货服务。我们需要的是建立一种与员工互惠互利的合作关系，例如，员工宣传计划。

具有第二级品牌亲和力的是客户和品牌拥护者。这些人喜欢你的产品，与你的品牌建立了密切的关系，愿意分享与你的公司相关的信息。作为消费者，他们拥有既得利益。在B2B环境中，这些人通常包括喜欢并使用你的产品的客户、经销商、分销商等。在你的关注者中找出有影响力的人以及他们与社群互动的方式，可以为你提供一个可以利用的强大关系。把你的关注者变成真正的品牌拥护者，这需要来自品牌的承诺。你要让关注者觉得自己很特别。

荷兰连锁超市阿尔伯特·海恩（Albert Heijn）就是利用品牌拥护者的典型案例。该品牌制订了一个长期的品牌大使计划，共有58名影响者参与。[7]各种博客作者、“照片墙”红人与其他影响者都会强调自己在美食、生活方式和时尚等不同领域内拥有专业知识。为了开展品牌的季节性营销活动，阿尔伯特·海恩请相关领域的影响者通过线上与线下的渠道传播品牌信息。品牌努力保证特定的帖子与他们的营销活动保持一致，从而充分利用社交网络强化信息。这些影响者参加了16个活动，为超市带来2300万的展示量，以独特且可信的方式拉近了他们与客户在线上和线下的距离。

建立品牌宣传计划是一个良好的开端，你可以针对关注者喜欢什么样的福利展开交流。由于产品和品牌的差异，因此有些方法的效果会优于其他方法。对从事软件开发的公司来说，折扣码可能很有效，但对运动用品公司来说，他们的关注者可能更喜欢免费商品。你必须进行这样的沟通，找出适合关注者的方法。与关注者进行这样的交流，也会让你进一步了解如何接触具有亲和力的外部影响者，即员工、客户和品牌拥护者之外的人。

品牌往往会先寻找外部影响者。但实际上，应先与员工、客户和品牌拥护者合作，然后寻找外部影响者合作。

这是一段“婚姻”

影响者营销是建立长期社群，而不是发起一次性活动。当你与员工或关注者建立关系时，就是在围绕品牌建立起的社群开展工作。当你接触外部人员时，请记住，影响者营销是为了建立社群，而不仅仅是组织一次活动。

影响者营销不是一次性活动。如果你想抓住最佳时机，将潜在的影响者转变成品牌拥护者，使你的品牌名成为他们在线上的常用词，那么在与影响者合作的时候，需要寻求一种长期的承诺。在找到合适的影响者后，你需要沟通并明确与他们合作的方式。

让影响者传播信息，就是让他们将自己的社群带给你。有时信息传播并不重要，重要的是由谁传播。每个人都是内容创作者，一些影响者也是内容的放大者。事实上，许多影响者只是“放大器”。一些关注者数量庞大且有影响力的“照片墙”频道每天只转发别人的照片。通过这些频道放大你自己的照片或内容，可以引起影响者社群的注意。

一个品牌很难像一个人那样参与社交媒体，同样地，一个品牌也很难在人的层面上与潜在的影响者建立关系。几十年来，品牌一直难以克服这一障碍。因此，公司才会设立发言人或公共关系部门。现在，如果品牌能与那些在社交媒体上拥有影响力并值得信赖的人建立关系，品牌就掌握了优势。

案例

苏打水品牌乐活（LaCroix）

要建立品牌亲和力并不容易。毫无疑问，要先与关注者建立关系，这是一个有效的步骤。近年来，苏打水品牌乐活（LaCroix）一直在关注这一点。在以雀巢和百事为巨头的市场上，乐活没有采用电视广告等传统营销渠道，而是选择通过关注者和社交媒体进行营销。

乐活将注意力集中在“千禧一代”中的微型影响者身上。[8]品牌的价值观与这些用户所追求的真实、探索与健康的理念产生共鸣。品牌鼓励这些关注者使用诸如“爱乐活”和“乐活生活”等标签发布内容。乐活自己的社交媒体则用来发布鸡尾酒和无酒精鸡尾酒饮料的配方。他们还会挑选出关注者的食谱进行分享。

为了与关注者直接建立关系，即使是只有150个关注者的社交媒体用户，品牌也会转发他所发布的内容。品牌更看重社群与关键价值，而不是知名度高的影响者。与关注者合作能够挖掘出真实的声音，确保关注者知道自己被倾听、被认可。品牌也参加了洁净饮食与健身活动，例如为期一个月的洁净饮食计划，来增加额外吸引力。

品牌重点关注的平台是“照片墙”，这些互动的成果也体现在该平台上，乐活在8个月内将社群从4000人扩展到3万人。借助线上互动，乐活的销售额在两年内翻了一番。

影响者与长尾效应

早在20世纪40年代，长尾效应的概念就已经存在，但它在商业和营销领域的普及源于2004年克里斯·安德森（Chris Anderson）在《连线》（*Wired*）杂志上发表的文章（见图6-2）。[9]安德森认为，商业的未来，以及亚马逊和苹果（或与其他公司）所采用的模式，都建立在“卖得少卖得久”的基础上。

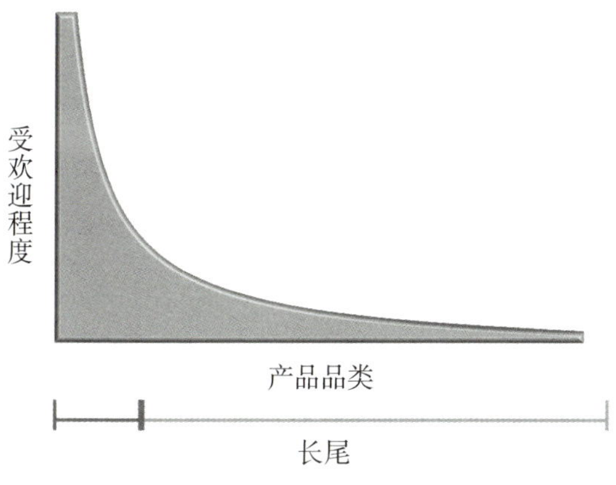

图6-2　长尾效应

资料来源：克里斯·安德森/《连线》。

当一部新的《星球大战》电影开始发行DVD时，往往会引发购买热潮，因此商店会储备大量DVD以供销售。第二周的销量将少于第一周，第四周的销量又会低于第三周。到了第三个月，日销售量将明显下降。储存DVD需要一定的空间，到了某个时刻，销售率过低，商店不会再储存那么多DVD。一年后，可能依然有顾客想买

DVD，但这样的顾客数量太少，因此存储DVD不符合商店的利益导向。这是货架空间有限的实体店所面临的现实问题。但是，亚马逊这样的电子商务公司有着空间优势，它们可以延长销售的时间，售出更多的产品。这些公司充分利用了长尾效应。例如，这些公司可以更多地储存书籍和电影，在初次发行后很长一段时间内，人们都能买到这些书籍和电影。

如果将这个概念应用于市场营销，一次宣传活动的“货架期”十分短暂。经过几周甚至几个月的准备，你的活动开始了。你通过发布视频、创建标签，希望看到新产品或活动取得成功。人们参与活动。产品的销售量增加，品牌知名度提高。几个星期后活动结束了，热度退去，用标签的人越来越少，视频点击量和分享量也明显减少。在这种情况下，即使相关数据较低，人们仍然能继续谈论你的品牌、产品和活动，这就是长尾效应。

传统意义上的营销策略会随着活动的结束而结束，但影响者营销持续的时间会更长。如果与影响者合作，特别是那些与你的品牌有密切关系的影响者，即使没有你的参与，活动也会继续进行。那么，如何将新的消费者转变为品牌拥护者？如何让影响者利用自己的声音和社交媒体来帮助你的品牌进行宣传？你需要通过真实的互动，投入时间与精力，才能建立关系。当建立了长期的关系，在活动结束后，长尾效应会继续发挥作用。在某些内容媒体中尤其如此，由于影响者可能具有数字权威性，在各个网络的搜索引擎中，影响者的博客内容、缤趣的“大头钉”，甚至带标签的图片都有很长的寿命。

我在前文详细阐述了对“买家旅程”的控制是如何改变的。由于媒介消费的大众化，即使向传统营销渠道投入更多资金，也难以取得过去的成果。控制信息流的已经不再是电视，我们有了各种各样的信息来源，这些信息来源都是你无法控制的。“买家旅程”不会以购买而结束，互动依然会持续。当有人去商店买了一杯咖啡，购买咖啡并不意味着交易的结束：如果他们在“照片墙”上分享咖啡的图片，这笔交易就会在社交媒体上继续进行下去，从而进一步推销这家咖啡连锁店。因此，很多公司在客户体验营销方面投入巨大。

长尾效应带来的好处不仅仅是参与度和知名度的提高。你在活动、视频或内容上投入的时间和金钱可以带来更长期的回报。

第七章

员工作为影响者

虽然我们已经看到一些大型企业制订了所谓的员工宣传计划，但员工仍然是一种尚未充分开发的影响者资源。原因之一可能是涉及复杂的法律问题，如果你想按照我在本章建议的方法与员工开展营销合作，我建议你咨询一下法律团队。但是，当品牌寻求与影响者的合作，或探索扩大品牌的社交媒体社群的方法时，大多忽视了员工的力量和公司已有的优势。员工与你的品牌已经建立了密切关系。他们关心你的信息，在某些情况下，员工是最能有效传递品牌信息的群体，我将在后文详细讨论这一点。

从人力资源的角度来看，员工宣传计划有更深层次的含义。公司全面禁止员工在网上提及品牌或讨论品牌，这种现象并不少见。许多大品牌在聘用员工时都要求签署保密协议。这些协议当然有一定的意义，个中原因可以理解，但让员工以正确的心态在社交媒体上进行互动能够带来很多好处。将员工宣传计划作为一个营销选项，允许员工保持自己的社交媒体的私人化，其中涉及的问题也需要加以思考。员工宣传计划未必适合每一家公司，正如它未必适合每一位员工。公司和员工在开展宣传计划之前，必须充分理解这些要点。因此，我们有必要将利用员工作为影响者的概念贯穿于整个人力资源。这里所考虑的项目是为员工提供宣传机会的典型案例，也能让我们看到不同的公司如何从不同的方法中获益。

与那些和品牌关系密切的人（如员工和品牌拥护者）建立影响者关系，可以顺利地吸引其他影响者，同时在公司品牌走出去之前提供了试验和开发的机会，可以测试或衡量某些方法能否成功。让那些已经享有实际利益的人参与进来，可以使你了解影响者关系如何为品牌助力。找到与社群沟通的方式，这对与影响者建立良好的关系至关重要。一个品牌或公司与影响者的合作方式未必适合另一个品牌，即使它们处在同一个行业内。了解了这一点，并利用你的亲和力圈子里的人来尝试这些策略，这是有效的测试手段，能够找出可以复制后用于外部的策略。当然，它也能带来令你吃惊的结果。

员工的惊人影响力

关于将员工转变成影响者的可能性，我最欣赏提供领英数据分析和应用服务的PeopleLinx公司的创始人兼首席执行官南森·伊根（Nathan Egan）说过的一句话："你的企业不只有一个网站，而是有成千上万个网站……你的员工是品牌亲和力的长尾。[1]"

因此，员工是一种强大而未得到充分利用的营销资源。每位员工都有一批社交媒体的关注者。可能有些员工已经成了影响者。他们可能有一个社群，而你却全然不知。如果你能利用这一点，将取得一个双赢的局面。如果你让员工成为影响者，他们可以用一种真实的方式向已经与他们建立关系的受众谈论你的信息。

此外，从信息和参与的角度来看，员工对品牌具有独特的作用。员工的声音比公司的声音更可信。研究表明，员工比首席执行官、营销和广告部门以及行业分析师更受人们信赖。[2]

肯·艾恩斯（Ken Irons）发表的研究表明，高达70%的品牌认知取决于与人的互动。[3]当一个人走进产品陈列室，他们最强烈的感受来自与人的互动，这还没有考虑导致他们进入陈列室的互动。面向客户的员工大多认同这一事实，负责与其他企业和客户互动以达成交易的销售人员或品牌代表也被灌输了这一事实。但是现在，这种互动不仅仅只是员工面向客户的互动，且互动也不仅仅是面对面交流，而是在线互动。如今，每一个在网络中与品牌建立关系的员工都有可能提升你的品牌形象。

如今我们生活在一个数字化的世界里，除了购买产品的一般渠道和传统的建立关系的方式，与品牌进行互动的机会也有所增加。这不是负担，而是机会。当员工在社交媒体上表示他们就职于你的公司时，他们就成为公司的代表。我们会根据一个员工在社交媒体上的言行形成品牌认知，这是不可避免的。当然，这在不同的平台上有不同的效果。

这样一来，你的品牌就可以在网络中发声，同时拥有多个建立关系的机会。你找到了能够代表公司的人，使信息在更大范围内得到传播。皮尤研究中心对社交媒体的人口结构进行了调查，结果发现，与大多数相关调查一样，社交媒体上最活跃的人口年龄在30岁以下。[4]这个结果是意料之中的。30岁至49岁的用户是第二大社交媒体用户群，他们在社交媒体最初出现在我们生活中时，就开始使用社交媒体，虽然他们的参与比例略低于20岁出头的人，但仍远远超过该年龄段总人数的75%。研究还显示，50岁至64岁的人参与社交媒体的比例超过50%。社交媒体是主流。因为你的全体员工可能都在使用它，而且有些员工可能比品牌更善于使用社交媒体，所以让你的员工参与进来是值得的。

四种数字媒体

有四种数字媒体可以帮助你推广或传播信息。这四种数字媒体采用的方法与工作方式各不相同。它们有一些共同点，但仍然可以单独进行描述。与品牌亲和力分类一样，你也应该同时使用多种数字媒体。根据传统划分方式，数字媒体可以分为付费媒体、自有媒体和赢得媒体。

付费媒体是指通过付费使用的媒体，比如在线广告和付费社交媒体。媒体由品牌之外的机构经营或持有，他们收取一定的费用，对相关信息进行放大，以此来赢利。

自有媒体就是品牌自己所有的媒体。品牌的网站或应用程序都属于这一类。此外还有品牌的社交媒体网站，推特和脸书信息流，以及简讯或出版物。

赢得媒体是指你已经触及的论坛或媒体，其他人在其他业务通讯或出版物中谈论你、你的品牌或你的产品，越来越多的人通过社交媒体上分享的帖子或博客认识了你、你的品牌或你的产品。

早在几年前，聘用媒体的概念就出现了（见图7-1）。[5]员工会进行信息传播或放大，有时他们自己也会创作内容，这是一个巨大的机遇。与赢得媒体类似，聘用媒体有“赢得”的成分，它也与付费媒体相似，都附带一些激励措施（虽然本身并不需要付费），但聘用媒体可以自成一类。它是免费的，值得信赖的，而且公司规模越大，它的影响力就越大。

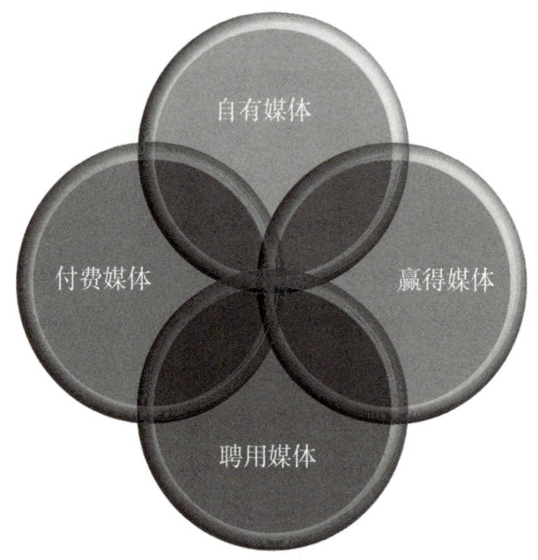

图7-1 雇用媒体出现以后

资料来源：道格·凯斯勒（Doug Kessler）/内容营销机构（Content Marketing Institute）。

如果你的员工大多与高管不是一代人，那么他们很可能更善于使用图奇（Twitch）、色拉布或“照片墙”等较新的社交媒体平台。让这些员工在这类平台上分享你的信息，可以让其他受众与人群接触到你的信息，而这是你目前的社交媒体策略所无法实现的。

员工宣传计划可以充分利用员工已经创建的社群。这样一来，你就有机会将信息以自然、真实、可信的声音传递给新的受众。员工的追随者和公司的追随者之间的平均重叠率几乎都不足10%。一项研究显示，在思科公司（Cisco），员工账户的关注者数量是公司账户的10倍，但两者的重叠率仅为2%。[6]

美国保德信金融集团（Prudential Financial）看到了其中的潜力，于是推出了一项针对员工领英页面的员工宣传计划。[7]公司意识到，有1.5万名员工在领英平台上有自己的账号。每个员工平均有160个联系人，这意味着在不考虑重叠的情况下，每条消息可能的传播量高达240万。员工的人际网络比你想象的要大。即使是一家只有10名员工的小企业，如果每个员工有160个联系人，那么潜在的受众就可能增加1600人，这可能是你从其他途径难以实现的成果。

另外值得注意的是，这些数字都是保守估计。芬兰的一项研究显示，员工平均有420个脸书好友、400个领英联系人和360个推特关注者。[8]假设一家有10名员工的公司，在不考虑重叠的情况下，通过这三个平台，信息的潜在受众已接近1.2万人。国际商业机器公司（IBM）的一项研究表明，与公司的账号相比，员工账号分享内容所产生的潜在客户转化率是前者的7倍。[9]这表明员工参与宣传有助于打造品牌。

利用员工的声音

利用员工的声音是对现有员工宣传计划的延伸，如果你还没有员工宣传计划，那么你应该考虑制订一个这样的计划。如果已经奠定好根基，且员工宣传计划也有了一定的基础，那么你就可以将员工作为影响者开展合作。

员工宣传计划的核心理念是，员工可以在社交媒体上充当品牌大使，传播与品牌相关的内容。慈善活动、行业和产品创新、获奖以及其他行业成就等热门新闻可以通过员工的分享得以放大。关键是要激励员工参与进来。

与所有影响者宣传活动一样，员工宣传计划的第一步是开启沟通，进行真实的互动。你必须思考你能为员工提供什么，通过什么方式激励员工向你开放自己的私人社交网络？利用员工作为影响者，不仅仅是制订一个宣传计划，也不仅仅是要求员工向他们的亲朋好友分享你的广告或促销活动。怎样才能最有效地与员工合作？如果员工对品牌的相关新闻感到自豪或者认为品牌非常出色，他们就愿意分享内容。他们不会不假思索地就在自己的社群中增加品牌的知名度。

英国的“冰岛”超市（Iceland）利用自己的手机应用程序Insider Iceland，为员工提供新闻文章和信息，鼓励他们分享到推特和脸书上。[10]如果员工愿意，每天都有信息可以分享。在三个月的时间里，冰岛超市培养了450名员工代言人，他们会分享超市新闻，在社交媒体上的展示量达到3700万次。这个手机应用程序可以帮助员工轻松地共享超市提供给他们的信息，同时也为超市提供了衡量关键绩效指标的准确信息。以这种方式吸引员工参与宣传，需要为员工创作可以分享的内容，其中包含了品牌希望传播的信息，但看起来又不像广告。员工不想分享你的广告，况且只分享广告也不会给你的宣传带来太高的参与度。

从基础开始

虽然员工宣传计划开始时要设定营销目标和明显以销售为导向的目标，但大多数公司将该计划与提高员工参与度的战略相结合，取得了相应的成功。其他潜在目标涉及社交销售、内容营销或放大、品牌知名度、声誉管理和社会招聘。这些都是员工宣传计划可能实现的目标，但不可能全部实现。为了最有效地利用员工的声音，你必须确定品牌和计划的关键目标是什么。

本书第三部分将更加详细介绍如何创建影响者项目，这是影响者营销的基础。你需要考虑并落实一些事情，包括社交媒体政策、不能泄露的内容、保密协议和其他准则。其中大部分是常识，如公司的商业机密或负面评论，但也有必要提前考虑清楚。有些公司会进行培训，教员工如何去做，甚至教他们如何更好地利用社交媒体来打造自己的专业品牌，为工作提供帮助，这样的公司在实施项目时往往能取得最佳效果。事实上，如果公司教员工如何在社交媒体上提升自己的影响力，可能会鼓励许多在社交媒体上十分活跃的员工加入该项目。

任何社交媒体互动项目或将员工作为影响者的项目核心都是相同的，可以归结为创作内容与分享内容，这种内容可能会让品牌犯难。“大减价活动将持续到本周五”“买二送一的活动将持续到本月底”，员工不愿意分享这样的内容。你创作的内容必须让员工愿意与网上的其他人分享，他们不想转发广告。这是一种公平交换的关系，因此你必须找到能提供给员工的东西（通常是在内容方面）。在某些情况下，员工可以自己创作内容。我曾与一家园林绿化公司合作过，他们每天都有不同的员工管理社交媒体资料，并根据他们的花卉和灌木知识发布内容。

有许多工具可以帮助员工更加轻松地分享由你挑选或创造的内容。重要的是，这些内容要适合共享。好消息是，由于员工影响者计划越来越普遍，各平台都在推出自己的应用程序，以帮助用户实现转变。领英开发了自己的平台Elevate Amplify公司开发了社交媒体管理平台互随（Hootsuite），金融公司Bambu开发了社交媒体管理平台Sprout Social。这些平台不仅使信息分享变得更容易，也有助于规划某些新闻或内容的发布时间。

为了吸引员工参与，你需要提供一定的奖励，激励他们与自己的社群分享你的信息。虽然员工已经与品牌建立了密切关系，但利用员工作为影响者并非是一种雇佣关系。你需要建立对话，倾听员工在与品牌合作的方面需要什么以及你能提供什么。只有设计一个合作和互利的方案，才能取得成功。这种合作也能为你提供试验的机会，确定哪种激励方式最适合你的品牌，此外它也提供了与潜在影响者合作的机会。

第八章

与影响者合作的十六种方法

所有市场营销的根本目标都是建立关系，并引发他人对公司和品牌的热议。影响者营销为信息传播提供了新的途径。如今大多数品牌和企业都会通过某种方式进行社交媒体营销。无论你是否意识到，你都已经多多少少地与影响者营销扯上了关系。但是，唯有积极与影响者合作，才能充分释放社交媒体策略的全部潜力。内容策展、分享他人的图片或文字，是与影响者合作的方法之一。联盟营销是影响者营销的另一个例子。

在本书中，我研究总结了品牌与影响者合作的十六种方法。虽然这些方法的范围和目标各不相同，但它们的立足点都是与能够产生某种互联网影响力的人建立联系。其中一些策略可以作为一个计划的支柱，其他策略为该计划提供辅助。

影响者营销的传统方法

传统营销活动可能已经包含了影响者营销的元素，只是你没有意识到。

与影响者合作的常见且简单的方式是向影响者赠送礼品。品牌企业可以向影响者寄送钢笔、咖啡杯、T恤、U盘或钥匙圈等，得到影响者的认可后，影响者会愿意在社交媒体的帖子中谈谈这个品牌。但这种做法的成功率非常低。钢笔或钥匙圈都是影响者一般用不到的东西，与你自己的产品也不相关。通常情况下，随礼品送出的还有一封半个性化的信，内容都是些通用化语言，无非是请影响者发布一个可能与他们个人品牌无关的话题标签。

赠送产品是指寄送你自己的产品，而不是礼品，希望影响者在社交媒体上谈一谈该产品。我收到过很多品牌赠送的产品，但这些产品并非是针对我个人的。品牌没有为具体的影响者做特别考虑，等于把产品打了水漂。在这种情况下，赠送的产品在影响者眼中变得无关紧要。但是，如果你能联系相关的影响者，询问他们是否喜欢该产品，如果他们认为产品值得推荐，请他们将产品的相关信息发布到自己的社群中，这样一来，营销计划的成功率将大大提升，特别是当这个影响者的关注者属于品牌所指向的人群时。如果处理得当，真人使用产品的照片可以有效吸引你的目标群体。评论和标签永远都可以检索到。明智的企业已经开始寻找与相关影响者合作的新方法，特别是针对微型影响者和纳米级影响者的方法，这些影响者通常乐于在社交媒体上发帖以换取免费产品。

案例 •

保健食品科力恩普雷特（Kleanplate）

如果能够妥善地进行规划和实施，那么通过赠送产品，让影响者引发基础讨论就是一种非常有效的策略。

保健食品科力恩普雷特是一种，可用于制作高蛋白的华夫饼和煎饼的预拌粉。这种预拌粉适合健美运动员和健身爱好者。品牌花费大量的时间和精力，寻找可能会对产品感兴趣的影响者，然后与他们认为能和品牌共鸣的人取得联系。品牌创始人亲自写了一张便条，与每个影响者交流，向他们介绍产品。令人印象深刻的是，86%的影响者对品牌的诉求做出了回应。

该品牌以坦诚的态度与影响者沟通，询问他们是否愿意尝试产品，如果他们愿意，可以对产品进行测评。由于品牌提前对影响者进行了甄选，因此影响者的回复率高达76%。在4个月的时间里，科力恩普雷特的网站流量增长了204%，销售额提高了13倍。[1]

赠品或抽奖是另一种常用的合作方式，经过检验也卓有成效。它将赠送礼品与发表评论获得免费产品的方式结合起来，让影响者决定如何与品牌及其产品进行合作。对许多影响者来说，如果产品与自己的受众相关，他们会偏爱发放赠品的方式。这种方式能够提高其社群的价值，提升影响者的地位，并通过赠品鼓励人们积极参与。此外，还能帮助影响者扩充电子邮件列表。对品牌来说，这是提高品牌知名度、与影响者建立关系的好方法。

案例

罗德与泰勒百货公司

“照片墙”和其他网络上充斥着无数声音，如何让你的帖子脱颖而出？对你而言，重复是有利还是有弊？为了推广“设计实验室

（Design Lab）”系列服装，罗德与泰勒百货公司（Lord & Taylor）邀请了“照片墙”上的多个时尚达人进行推广，以人数占据优势。[2]

他们联系了50位“照片墙”的时尚博主，请他们在同一个周末发布了身穿同一条彩色佩斯利花纹连衣裙的照片。这条裙子随即就被销售一空。

推广“设计实验室”系列的另一个目标也取得了成功。许多帖子的点赞量超过了1000，有些甚至达到了1.5万。品牌需要为这些帖子的发布支付费用，一些“照片墙”博主发帖的单价高达4000美元。这是一个很有代表性的案例，该项目的投资回报率可以用销售量与社交媒体上的数据进行衡量。

但罗德与泰勒百货公司的一个疏忽是，未能确保所有影响者对付费推广的帖子进行标记。后来一些帖子被重新编辑，并注明这是付费推广内容。有人在一些影响者的帖子下发表评论，质疑这是广告或付费推广，引起了一定程度的争议。美国联邦贸易委员会对该品牌是否存在违规行为进行了调查，这个问题的解决办法是，罗德与泰勒百货公司和其他的所有公司都需要在影响者的帖子中注明这是付费推广内容。[3]这是美国联邦贸易委员会对影响者营销活动的第一次打击。从那时起，品牌必须确保所有接受报酬或产品的影响者在“照片墙”和其他社交媒体的发帖中明确标注，该内容是赞助内容或广告。这是一个普遍趋势，英国广告监督机构警告了200名至300名违反类似规则的影响者。[4]这是品牌需要注意的地方，也要确保与品牌合作的影响者同样遵守这些规定。

如果你的产品或服务不适合赠送，可以考虑联盟营销策略。这再一次证明，通过不断沟通，我们可以找到折中的办法。也许你的产品太贵不适合赠送，那么可以招募影响者进行联盟营销，这样一来，影响者仍然可以从中获利。联盟营销的另一个优势是你可以通过你提供给每个参与者的唯一跟踪号码来追踪他们的影响力，进而调整未来的合作关系。如果你想提高产品在亚马逊上的销售量，“亚马逊红人商店”的出现使联盟影响者成为极具吸引力的选项。

另一个方法是提供折扣码。你需要与影响者就此进行交流。和联盟营销策略类似，你要向他们解释，分享你的信息对他们的社群有何利好之处。你可以为他们的关注者提供特殊的折扣码，例如SCHAFFER25，通常表示关注者可以享受25%的折扣。当你想与某个社群建立关系时，折扣码可以为该社群提供福利。发布折扣码后，许多优惠券网站可以在全网搜索到你的折扣码并进行扩散。当然，折扣码可以与其他策略（如联盟营销和赠送产品）结合，从而与不同受众规模的影响者及其社群建立联系。折扣码发布以后，你可以衡量和比较影响者的表现，从而逐步提高影响者营销策略的有效性。

以内容创造为中心的影响者营销形式

内容创造对影响者营销和建立长期关系至关重要。与其他策略一样，它可以和其他方法互补，也可以在自己的基础上进一步发展。内容创造策略可以保证你的手头上始终有内容。在建立内容传播渠道的同时，也能为自己的社交媒体提供一些可用于发帖的内容。与其他策略相比，内容创造在某些方面更有利于B2B沟通。内容有助于优化“买家旅程”，因此许多B2B公司在与影响者合作时都会采用内容创造策略。尽管如此，社交媒体营销给品牌带来了视觉方面的挑战，却给一些面向消费者的品牌带来复兴的机会，因为这些品牌会利用视觉化社交媒体上的用户生成内容。

提升社交媒体影响力是至关重要的手段，但对很多公司来说，如果缺乏充足的内容，要保持持续的内容流可能是一个严峻的挑战。解决办法就是内容策展。如果要收集并筛选出其他人的内容，并在社交媒体上进行分享，那么为什么不收集影响者的内容，并以此与他们建立关系呢？这样一来，你不仅能与关注者分享精彩的内容，而且当你想与这些影响者合作时，它也能帮你建立关系，开启对话。当企业与我接洽并希望开展合作的时候，如果我在过去分享过他们的内容，但他们没有分享我的内容，也没有与我进行过任何互动，我会觉得非常难受。提前打好基础，这样一来，当你需要利用这段刚萌芽的关系时，才有可能取得成功。用影响者的内容进行内容策展，这是建立关系最简单的方式，通常也是首选方式。

内容策展是我们可以发送给影响者的一个强有力的社交信号。我仍然记得阿联酋航空公司曾将我乘坐该公司航班抵达迪拜的“照片墙”故事分享给他们的关注者。社交媒体用户可能没有想到，品牌会直接与自己互动，因此当这种情况发生时，就可能成为一段令人难忘的经历，用户会在心中将你的公司与其他未采用该策略的公司区别对待。

如果对某些影响者的内容策展或转发在社群中引发了极大的反响，你可能需要考虑聘请该影响者为你创作内容，从而将内容创造的任务外包。越来越多的品牌不是与影响者合作来放大自己的内容，而是让影响者发挥自身技能来创造内容。影响者通常是优秀的内容创造者，因此不应忽视这种合作方式。由于内容创造通常需要一定的预算，因此这是一种与影响者展开付费合作的简单方式。

对影响者的内容进行策展，可以放大他们的内容，同样地，让影响者向自己的社群转发或分享你的内容也可以放大你的内容。如果你已经完成了内容策展，那么从逻辑上来说，下一步就是通过已经建立的关系来放大你的内容。内容放大通常需要采取付费的手段。如果你尚未建立有机关系，这也不失为一个有效的策略。重要的是，关注那些影响力略小的影响者。他们的影响范围虽然不大，但如果他们愿意推广内容，就可以与不断壮大的社群分享你的内容。这至少可以保证你的内容能够吸引一些来自影响者社群的眼球。

内容放大通常会与其他类型的影响者营销搭配使用，往往能为影响者发布的内容提供一定的支持。换句话说，品牌会与自己选出的影响者联系，请他们放大其他影响者创造的有关品牌的内容。

我们看到的最能进行病毒式传播的内容元素之一是内容共同创造，通常以清单的形式出现，内容主要是你最喜欢的10个到15个针对某个主题的观点。[5]这种帖子很受欢迎，但数量众多。我不建议将它作为主体策略，但有些人已经利用该策略取得了巨大成果。例如一位挪威的博客作者，他在6天的时间内获得了超过2万的页面浏览量，并最终在谷歌的竞争性关键词“生产力指南”中排在第4位。[6]

内容共同创造再进一步，就是内容采购。你可以邀请影响者为你的博客、“照片墙”信息流贡献内容或进行采访。这未必都需要付费，但其中肯定包括付费的内容。第三方专家的认可能够为品牌带来很多好处，例如增加可信度，并有助于信息的扩散。当影响者在你的网站上发布内容时，他们会将该网站链接到自己的社交网络和社群中。以这种方式可以获取大量的内容，同时给予影响者较高的回报，从而建立双向的关系。

最后，我们来讨论赞助内容分发，通常情况下，这是一种需要付费的内容放大方法。当你创造了与产品或服务相关的内容并希望分享该内容时，可以采用这种策略。赞助内容往往与信息图搭配，这些信息图经过精心的设计，将一些信息巧妙地布置在其中。此外，赞助内容也可以通过文章、图片或视频来分发。与和你已经建立关系的影响者联系，请他在自己的主页上发布你的内容，这可能是与他的社群建立关系的最佳方式之一。让影响者分享内容，也是对产品表达认可的一种方式。运用该策略时，你需要提前与影响者建立关系。正如前文所说，如果你第一次与影响者联系，就请他分享你的内容，对方很可能会拒绝你的请求。该策略对内容策展起到了良好的补充作用，也是内容策展的结果。

在赞助内容分发的同时往往也会赠送产品，在这种情况下，影响者可以根据自身体验，用自己的方式描述产品和服务，而不是简单地发布他人的文字和图像。现在的趋势是挖掘微型影响者和纳米级影响者，公司通过这种合作方式来体现影响者声音的真实性。由于赞助内容分发会涉及金钱交易，品牌将针对他们在社交媒体上的帖子制定规范，规定可以提及或不应该提及的内容，以及可以使用的话题标签和其他必要的细节。如果只是赠送产品，他们可能无法对影响者提出这些要求。

内容是社交媒体的货币，因此如果博客作者想持续发布内容，可能会接受你免费提供的内容作为客座文章。虽然你可以使用的链接有一定的限制，且编辑内容要遵循一定的准则，但如果你的唯一目的是让内容出现在他们的博客上，你必须先知道如何在一个影响者的网站上提交客座文章。

最新与实验性的宣传活动

除了上述策略，还有一些最新出现的或者实验性的宣传活动类型，未必适合每家公司。但无论是哪种类型的策略，都可以发挥作用，因为它们的核心思想很简单，即人们更信任他人而不是公司。

“呐喊（Shout Out）”是“照片墙”的一种宣传活动。它与内容分发类似，“照片墙”用户会在个人主页中发布你的内容。但是，你的内容不会成为对方信息流的一部分，通常在几个小时或一天之后就会删除关于你的推广。这种方法可能不适合大品牌，但肯定适用于希望尝试新鲜事物的小企业。“呐喊”在很大程度上属于一种互联网营销方法和实验性策略，但一些公司会购买广告帖子和推广文章。“呐喊”基本都在“照片墙”上，但它只是暂时的。这是一项收费服务，但有些人可能会以免费“呐喊”作为交换。谁会提供这项服务？我们生活在一个超级社会中，零工经济日益盛行，人们会从事许多副业。任何拥有大量关注者的人都可以通过“呐喊”活动赚取外快。像寻找“照片墙”影响者的平台Shoutcart这样的网站可以处理货币交易，帮助你找到其群体与社群符合你的需求的影响者。[7]

这么做有效果吗？传闻有结果表明，从关键绩效指标来看，付费推荐肯定会带来极大的好处。事实证明，它对某些服装或保健品品牌特别有益。“呐喊”可以扩大你自己的社群。与所有影响者营销活动一样，它的关键是确定最适合与你的目标社群建立关系的影响者，并衡量其结果，确定此类活动是否适合你的品牌。

另一种实验性的影响者营销策略是账户接管，它的出现源于色拉布的日益流行。糖果品牌“酸布丁小孩”将色拉布账户的控制权移交给影响者，取得了成功。另一个可以采用账户接管的社交媒体平台是“照片墙”。通过账户接管，你的社交媒体账户在一段时间内将由影响者掌控，短则一天，长则一周。影响者可以发挥自己最擅长的技能，在有限的时间内运营品牌的社交媒体，同时展现品牌人性化的一面。这种策略可以帮助你挖掘影响者带来的社群，并注入影响者自己的个性。影响者为媒体带来了真实性，这正是品牌难以做到的。这种策略在B2C的环境中得到了充分发挥，但它同样适用于B2B。

为了与影响者直接合作，越来越多的B2B品牌采用事件报道的策略。品牌邀请影响者参加活动，并与影响者达成协议，请他们在社交媒体上发布推文和活动报道，这样做可以带来几个方面的好处。它以真实的方式，从个人的角度出发，将活动推广到更大的人际关系网中。让影响者自由地发布推文、快照和“照片墙”，使活动被充分地记录下来，供后人参考，这是一个有效的策略。

我们可以更进一步，除了为影响者提供免费门票，还可以额外向他们赠送一些免费门票，或者向他们的社交网络提供折扣码，以吸引更多的参与者。请影响者事前发布有关活动的博客文章，可以提高活动前的兴奋感。邀请影响者在活动中发言或主持，可以激励他们主动为活动做宣传。我曾受邀作为影响者或社交大师参加了奥多比峰会（Adobe Summit）、Marketo营销大会和思科大会（Cisco Live）等活动。这个策略日益流行。更进一步的做法是请影响者发言。

案例

VMWorld活动

每个品牌都会面临一个挑战，即如何将信息传播到直接受众以外的地方。当你要举办活动时，这个挑战会变得更加艰巨。无论在哪里举办活动，都会有很大一部分观众无法出席。品牌如何与影响者合作，创新内容展示的方法，让那些无法出席的人也能参与进来？

在西班牙巴塞罗那举办VMWorld2017活动之前，软件公司威睿（VMware）与影响者营销公司Onalytica合作，邀请75名核心影响者参加活动，并达成协议，影响者将在社交媒体上发布推广文章和活动报道。[8]通过影响者（包括媒体人士和业内专家）对本次活动的报道，业内其他人得以深入了解该活动的过程。这种自然记录涵盖了组织者自己难以发现或难以获取的角度和信息。

和许多同类活动一样，很多人无法前往巴塞罗那参加活动，这是影响者可以进一步发挥其作用的地方。当影响者意识到很多无法参会的人对线上会议感兴趣时，他们与威睿接洽，建议由影响者主持推特聊天或实时聊天系统CrowdChat，以吸引线上受众。

此外，影响者也就如何让VMWorld尽可能地接触到更多受众提供了看法，活动组织者听取了他们的意见。影响者可以自主决定如何在网上展示此次活动，这样一来，他们的部分受众就能免费参与到活动中来，否则他们只能在网上旁观活动进展。

影响者主持的CrowdChat吸引了2500名线上参与者。影响者、发言人、客户、合作伙伴和员工共发布了469条帖子，覆盖130万人，使品牌知名度提高了20%。

这些引人瞩目的成果来自两个不同的步骤。

一是意识到影响者的范围很大，需要花时间逐一追踪和调查影响者是否合适，哪怕是一个受众规模较小的影响者。威睿选出了2500名影响者，并跟踪了他们的线上互动和帖子内容，从而确定了75名核心影响者。这75人的关注者数量未必是最高的，但他们的关注者及帖子内容与VMWorld最符合。与关注者数量略低的业内专家级的影响者而不是主流社交媒体影响者合作，可以为品牌带来较高的回报，并创作出可信的内容。

与这些影响者建立真实的关系，为双方合作奠定了基础，影响者愿意以自己的方式帮助VMWorld。CrowdChat为影响者提供了一个展示其专业知识的平台，同时提高了VMWorld和威睿的知名度。

二是必须理解和信任影响者的工作，并愿意在活动的某些方面放权。威睿听取了影响者的意见，充分利用这些业内人士为活动带来的专业知识，进而在活动的基础上提升品牌影响力，以其意想不到的方式建立了社群。

这些活动不限于B2B品牌。事实上，一些公司也会采用其他方法，设计专门针对影响者的活动，以此发展与影响者的关系。这种针对影响者的活动有助于构建融洽的关系。通用电气公司从“照片墙”上挑选出几位摄影师，组织了一次Instawalk活动，请他们参观了一家喷气发动机工厂。[9]借助影响者自身的个性和视角来展示工厂，增加了真实性，同时使品牌接触到更加广泛的社群。但是，并非只有面向消费者的品牌才能通过活动促进与影响者的关系。

案例

餐厅活动

口碑始终是餐厅经营的基石，而美食博主与“照片墙”美食达人的出现将口碑战转移到了线上。

一些纽约街头美食风格的餐厅发现，与美食领域的影响者合作大有裨益。[10]人人都爱美食，且人人都想知道在哪里发生了什么事。在纽约这样的大都市，写作美食博客，在“照片墙”上发帖都是有效的方法。如今，在大多数餐厅里，你会看到人们尝试找到为食物拍照的合适角度，只要能拍一张好看的照片，他们不在乎食物是否已经凉了。每座城市的每一种就餐体验都会对应着多个美食博客和“照片墙”账户。科吉（Kogi）烧烤发源于洛杉矶，这是最早在社交媒体上通过病毒式传播而风靡的快餐车。在纽约，许多提供比萨、汉堡和热狗的街头美食店都在影响者的参与下取得了巨大的成功。一家餐厅只与5名影响者进行了合作，在“照片墙”上的互动量就达到了3.2万次。

归根结底，你需要知道影响者想要什么。对于许多美食博主来说，他们可能只想要一餐美食，但也可能是从不同的角度了解你所提供的食物，或者是给自己的受众带来独特的东西。此外你还需要知道你能展示什么。组织一次美食类影响者的活动，召集几位影响者免费享用一顿晚餐，让影响者看到你有多么在意你的食物，并在个人层面上与这些影响者建立人际关系，由此带来的回报将远远超过你为他们准备一顿晚餐的成本。

> 越来越多的餐厅开始组织类似于Instawalk或Instameet的活动。你可以挑选几位影响者，邀请他们于某个夜晚到餐厅出席活动。在完成最初的接洽并确定合作的影响者后，餐厅会专门为博客作者或“照片墙”博主举办活动。这样的活动不仅仅是让影响者免费享用一顿美食，设计一张菜单卡或一些可以拍照、记录并在“照片墙”上分享的东西，这只是一个良好的开端。将活动的整个过程都记录下来，筛选出有用的内容，以便充分展示你的品牌价值和餐厅风格，同时为影响者提供一些能够增强排他性的东西，例如独一无二的鸡尾酒或配菜，这也是为了让影响者进行拍照和分享。另一种方法是多提供几餐，有些用于拍照，有些用于品尝。
>
> 你可能对影响者有一些要求。例如，希望他们能在一周内发布内容，或者针对他们的图片与内容使用权进行协商，以便日后可以再次使用他们的图片和内容。与多个影响者合作，特别是那些在你的目标群体或地区中有强大影响力的人，这么做可以营造出一种错觉，即你的餐厅无处不在，每个人都在谈论你的新菜肴。

举行过一次活动后，品牌希望与影响者建立长期合作关系，于是有了品牌大使策略。在该策略中，公司和影响者关系的重点与之前的策略截然不同。品牌大使策略旨在与影响者建立一种长远的关系，你可以根据需要与他们一直保持合作，这样做的效果远远超过一次活动，能够使双方的关系更加深入。要以这种方式推广品牌，需要信任影响者以及与影响者所建立的关系。这涉及个人层面的投资。品牌大使是另一种合作方式，包括让影响者定期以顾问的身份加入团队。你也可以借由这种方式向影响者学习，尤其是当影响者中包括意见领袖或业内知名专家或名人的时候。毕竟，你能从众多影响者中选中他们是有原因的。为什么不建立一个双方都能获益的关系呢?

日本全日空航空公司希望传播一则信息，即该公司是第一个使用波音787型客机执飞的公司，且他们在北美和日本之间的几条航线引入了“日本的灵感之源”这一服务理念。为此，他们联系了包括我在内的四位影响者，与我们进行了深入交流。我们参观了该公司在日本东京羽田机场的维护设施，采访了他们的工程师，参加了客舱乘务员培训学校并模拟乘客体验服务。我们会见了他们的品牌顾问，该顾问负责新型飞机飞行服务的所有细节。此外，我们还乘坐了当时只在日本国内有两条飞行航线的787型客机，并与他们的营销部门举行了一次小组会议，讨论最新的社交媒体趋势。当然，我们也与自己的社群分享了这一切。

设置品牌大使是与影响者建立关系的绝佳方式，而影响者的本质是社交媒体营销的媒介。品牌大使能够使品牌与影响者的关系进一步深入，从而使影响者变成真正的品牌拥护者。

影响者营销的最后一种类型是公司与影响者进行产品协同设计，我认为这是一种会对未来产生重大影响的趋势。影响者往往在最后阶段加入，从而将他们的社群变现。大多数影响者会与公司和品牌合作，通过品牌赞助内容和前文提到的其他策略获得一定的收入。但归根结底，他们希望像其他企业一样，拥有自己的产品。当影响者想方设法进入消费品领域，或者通过其关注者赢利时，显然会采用协同设计的方法。这是对品牌大使策略的进一步深化。品牌需要与影响者合作开发产品，使用影响者的名字和他们投入的资源，所以这些影响者也是销售过程的一部分。对于那些乐于与影响者合作，并愿意创新合作方式的品牌来说，这一策略可以激发出新想法，开发出新产品，从而影响到其他尚未触及的社群。

与影响者合作开发产品是品牌未来的发展方向。影响者认为这样的产品是他们自己的产品，同时还能分享利润。这种方式在中国的网上购物中占据了重要地位，其中五大顶级女装品牌都由影响者创立。如果品牌能够与影响者合作，并开发出带有影响者名字的产品，特别是当产品针对影响者的社群时，这就是影响者最个性化的产品。

近年来，这种情况开始在美国出现。从“Z世代”①影响者设计的塔吉特儿童服装系列到邦迪邀请生活博主和影响者乔伊·乔（Joy Cho）以有趣多彩的设计制作绷带。品牌意识到，协同设计产品是与备受追捧的影响者发展深入、互利的长期关系的最终方式。[11]它能带来更加优质的内容，提升真实性，并最终深化影响者和品牌的关

① “Z世代”指出生于20世纪90年代中期至21世纪初期的人。——编者注

系，增强两者的信任。

协作设计不仅限于年轻人或生活领域的影响者。畅销书作家兼营销领域的影响者加里·维纳查克（Gary Vaynerchuk）与著名的网球鞋公司盖世威（K-Swiss）合作，于2017年年底推出了一款球鞋。[12]作为作家和影响者，维纳查克用了十年时间在社交媒体上确立了自己的地位。他在各种社交媒体平台上都有极高的影响力，这引起了盖世威的注意，品牌意识到自己与维纳查克的目标受众一致，都是"新一代进取者和实干家"。这是一种对双方都十分理想的合作关系。维纳查克为盖世威设计了两款鞋，分别于2017年年底和2018年年中推出。这种共同创造将双方的创造力一同注入产品，在产品创造与产品投放后的市场营销中利用了影响者和品牌的共同力量。非体育明星的联名鞋，如贾斯汀·比伯（Justin Bieber）和阿迪达斯合作，坎耶·维斯特与阿迪达斯和耐克的合作，都有力地证明，品牌将影响者视为重要的合作伙伴，因为他们已经确立了影响力。我相信，这样的合作在未来会越来越多。

事实上，亚马逊推出的"The Drop"影响者项目表明，受影响者影响的产品正以超出想象的速度成为主流。[13]利用电子商务的潮流和快闪店的流行趋势，"The Drop"与时尚界的影响者合作，推出只售三十小时的定制产品。这些协作设计产品的案例，包括亚马逊和淘宝上的产品合作，都来自时尚界，但在不久的将来，其他行业也会抓住这一趋势，以类似的方式与影响者合作。

The Power of Influencers to Elevate Your Brand

THE AGE OF INFLUENCE

第三部分

与影响者合作，收获丰硕成果

影响者营销的巨大潜在价值已经显而易见。营销环境的变化改变了品牌和消费者的互动方式，就影响者营销目前的范围和规模来说，几乎任何企业都能借此获益。

无论你采用传统营销、数字营销、社交媒体营销，还是影响者营销，目的都是提升自己在特定目标受众中的影响力。现在让我们详细分析企业如何利用影响者营销将其信息传播给数百万人。

许多企业尚未制订策略就开始与影响者接洽，或者听信了相关机构的宣传，然后就将大笔预算花在影响者身上。影响者营销不仅仅是对营销范围的拓展。大众化的社交媒体空间催生出不同的合作法则。但是剥去影响者营销的层层外壳，其本质仍然是人际关系与合作。影响者营销的第一步是建立对话，明确如何在广告支出之外与影响者合作。经过妥善的实施与发展，影响者营销的范围可能会远远超越传统营销手段。

这一部分将介绍如何设计和执行影响者营销策略，并使之回报最大化，如何在营销中投入金钱的同时也投入精力维护关系，从而从广告支出中获得比预期更高的回报。如果进展顺利，你在影响者营销计划中所投入的努力将在未来几年内为你带来诸多回报。

第九章

付费推广还是建立影响力

市场营销的焦点集中于投资回报、市场收益或销售收益等概念。当然，影响者营销的不同之处在于以自然的方式获得这些回报。此外，影响者营销还有一个独特之处，即需要利用他人的声音来获得短期广告宣传所无法获得的长期回报。

我在自己的上一本书《充分利用你的社交能力》（*Maximize Your Social*）中提到了一个概念：既然可以免费使用社交媒体，为什么还要花钱？[1]这个问题是有依据的。对于影响者营销，我们也可以思考同样的问题。在社交媒体上与人联系不需要任何费用，因此问题依然存在：我们为什么还要花钱？

如果后退一步，将影响者营销视为对社交媒体战略的延伸，那么我们可以更好地理解这个问题。当社交媒体刚开始发挥影响力的时候，一些公司在社交媒体上的参与度非常高，甚至将公司的网址链接到脸书页面上。但我不建议这样做。

在社交媒体营销方面，即使不花一分钱你也可以做很多事。建立和发展一个对你的信息感兴趣的社群，这是基本的社交媒体战略。然而，这还不够。有时候，你希望进一步推动一项宣传活动，或者与社群之外的更多人建立联系。这时，付费社交媒体就能帮助你实现目标。如果说社交媒体是信息的放大器，那么付费社交媒体就是加速器。

付费社交媒体可以让你更加快速地抵达目的地。无论你在推广什么，以什么指标衡量参与度的高低，即销售额、社群的建立、链接点击率，或者商店的人流量，通过付费社交媒体，花一点钱，就能以更快的速度获得结果。付费社交媒体非常重要，以至于一些公司现在将社交媒体部门分为付费和免费两个部门，两者的目标和方法不同，期望它们都能取得相应的成果。

付费社交媒体是对免费社交媒体的补充。免费社交媒体所取得的成果有限。但你不能只用付费社交媒体，必须有一定的自然影响力，并且最好能通过免费社交媒体获得用户参与。如果你的个人主页上没有你的信息，社群中也没有出现你在促销或广告中显示的信息和想法，那么你会失去可信性。人们会对你的主页产生怀疑。如果你在宣传活动中塑造了一个大公司的形象，可人们发现你只有150名关注者，那么你的品牌形象和信誉都会受到打击。这时，你的所有信息以及你为推广自己的信息而投入的成本便打了水漂。

将品牌发展与提高社交媒体影响力比喻为种庄稼，可以帮助我们清楚地理解这一问题。这不是种瓜得瓜，种豆得豆的问题。如果农作物都在稳步生长，雨水丰沛，你能得到满意的收成，那么就无须其他辅助，这就是自然生长。但有时候，你需要一些东西来促进农作物的生长。你可能需要引水灌溉，将水桶浸入井中，或者打开水龙头，引别处的水来浇灌庄稼，帮助作物生长。付费社交媒体就是从水井中提水，让更多的水流入田地，无须等待降雨，从而使你更快地进入下一步。

建立付费社交媒体

近年来，付费社交媒体的重要性越来越高，原因很简单，正如前文所述，社交媒体网络的算法对企业很不利。社交媒体的服务对象是人而不是企业。因此，现实情况是，社交媒体需要付费使用。在过去，公司只需要将自己的名字列在电话簿中，就能被客户看见。这么做不需要花钱，但如果你想让品牌脱颖而出，就要花钱制作更大、更多的广告。付费社交媒体是让品牌脱颖而出的手段之一。

肯定有一些社交网络的自然互动率更高，但当我们放眼未来，甚至预测短期未来时，我们都能看到，事物在不断变化。品牌需要调整信息传播的方式。几年前，在社交媒体上传播信息更容易。现在，人们对广告的信任度降低。品牌常用的信息传播方式逐渐被人们拒之门外。

付费社交媒体的问题在于，如果品牌广告过于显眼，侵占了社交媒体用户的空间，你的目标受众就看不到这些广告了。社交媒体平台会通过改变算法来改变用户与广告的互动方式。当用户滚动浏览信息流时，很容易分辨出哪些是广告。这些广告有一定的格式，非常显眼。一开始它们出现的频率很低，或者有十分新颖的设计，但不久之后它们出现的频率越来越高，广告效果大打折扣。

影响者营销包括免费社交媒体和付费社交媒体，这是社交媒体战略的第三个方面。调研机构Relatable的一项调查显示，94%的市场营销人员认为影响者营销是一种有效的营销形式。[2]此外，每十个品牌中就有八个品牌会为下一年留出专门的影响者营销预算。在做市场营销预算时，越来越多的品牌将影响者营销从宣传活动预算中的一小部分变成了一个完整的项目。

选择代理机构还是独立实施

既然决定实施影响者营销，那么你需要审视公司内部的情况，确定是聘用代理机构还是利用本公司的内部资源来建立与影响者的关系。

在品牌与影响者展开合作的过程中，往往会选择代理机构作为中介。这是一种有效的方法，但它很大程度上是对传统的名人代言模式的复制。与影响者合作是一种截然不同的模式，你可能会找到许多效果更好的方法。与影响者的合作是长期的，你也应该着眼于长远的利益。一些平台可以帮助你与影响者达成合作（我将在后文进行探讨）。品牌和影响者之间可能会出现混乱的局面，因此作为中介的代理机构可以发挥一定的作用，机构的经验也能为品牌所用。对于刚开始进行影响者营销的公司而言，由于缺乏内部资源，难以正确遵循本书提供的指导，或者尚未看到影响者营销策略所带来的良好效果。因此，与具有丰富的影响者合作经验的代理机构进行合作，是与影响者合作并推动业务取得成果的最快方式。

代理机构必须深入了解你的品牌文化、目标市场以及你与影响者合作的具体要求，才能在影响者营销策略中发挥重要作用。有数据表明，近四分之一的企业仍然通过中介机构与影响者展开合作。[3]

我的一位客户是一位商业作家，他与一家机构合作进行社交媒体营销。该机构推出了影响者营销服务，可以为作家开辟新的信息分享渠道。但是，机构所推荐的影响者，以及他们已经建立关系的影响者，都是极限运动员和“千禧一代”的名人，他们不符合商业作家的群体。这些影响者肯定有社交媒体和受众，但他们与商业作家的目标受众并无交集。因此，这些影响者不符合他的需求。这相当于在溜冰场的广告牌上刊登一则商业图书的广告。这个地方的广告牌是运动鞋品牌或生活品牌的理想选择，但对商业作家来说则不然。

这个例子表明，有些机构将有才能的人等同为影响者，或者将影响者视为有才能的人。虽然他们想要通过影响者营销获得更多收益，但像这个例子中影响者选择的失策可能会使营销得不偿失。

另一个常见的误区是，与影响者合作必然要付出高额的成本。有关“照片墙”红人的故事以及他们每篇帖子所产生的互动数据，进一步加深了这种观念。当然，有些影响者的要价很高，品牌也愿意支付高额的酬金，但与影响者合作未必就需要花钱。代理机构、品牌和影响者可能会为了短期利益而合作，但这种趋势正在发生改变。品牌和影响者都意识到了建立与发展长期关系的价值。影响者营销管理平台Activate发布的一项研究表明，近50%的市场营销人员与影响者的合作长达6个月以上。[3]加大投入，与影响者建立关系，并将影响者转变为品牌拥护者，这将为品牌带来诸多好处。当品牌需要引水灌溉的时候，品牌已经有了可以利用的关系。

传统上，付费推广多是B2C品牌所采用的方式，它源于名人代言模式。受众能够分辨出广告，也能意识到其中的交易性质。这种推广方式带来的效益通常是一次性或短期的。B2B品牌与产品通常会采用构建影响力的方式，它起源于和生态系统与分销商伙伴的合作。近年来，我们看到了一种趋同性，B2C与B2B品牌都逐渐意识到，将两种方式结合更有利于影响者项目的实施。

通过自然的方式，从个人层面与影响者展开合作，并建立关系，由此产生的回报可能是长期的。使影响者成为品牌拥护者，其效果能够超越一般的宣传活动。影响者成为合作伙伴，这是一个双赢的局面，能够带来最高的投资回报。如果是一次性交易，你向别人传达的关于你的品牌的一切，你为建立亲和力与结盟所做的所有工作，都会随着一次活动的结束而消失。与影响者的长期合作还能带来其他好处，例如了解并利用他们对自己的社群的了解，在某些情况下，他们是你想接触的领域的专家，以及社群对你的品牌和产品的需求。为此，你需要投入的主要是时间。有报告显示，曾有69%的公司没有为影响者花过钱。[4]如今，影响者的数量日渐增多，成为行业主流，因此你的体验可能会有所不同。这个数字表明，在金钱交易之外，可能还有很多方法，例如越来越多的公司选择向微型影响者和纳米级影响者赠送产品。

如果公司要与影响者合作，市场营销方案需要规划不同的项目，列出免费社交媒体和付费社交媒体。对于影响者营销来说，这不是一次宣传活动。相反，你要做的是建立影响者储备库，在需要的时候可以与其中的影响者合作。这是一枚硬币的两面，你可以做出选择。在最初的交易中投入资金，将部分广告开支用于影响者营销，以建立长期关系。与影响者保持联系，就像保持井中始终有水，以备不时之需。每个影响者的需求都不一样，因此品牌所采用的方法也有所不同。但是，你应当与影响者逐一接洽，这样做可能会耗费大量时间，但它带来的回报会令你吃惊。

案例 •

女性护理品牌科拉

与影响者建立关系未必需要花钱。除了金钱，你还能为影响者提供哪些东西？他们为什么愿意在没有报酬的情况下与你合作？

纳米级影响者只有不足1万人的关注量，但与关注者数量庞大的影响者相比，前者的关注者更加专一。他们的关注者参与度更高，且合作成本更低。你可以不向他们支付费用，而是提供一些他们可以给予社群的东西，以此来利用他们的声音。

科拉（Cora）是一个女性护理品牌，女性可以每月订购所需的有机卫生棉条。该品牌决定与微型影响者合作。品牌筛选出部分微型影响者，并向她们寄送产品，请她们在自己的帖子中插入产品。[5]要将卫生棉条拍得迷人可能很难，但如果影响者的视觉表达能力很强，能够将卫生棉条融入自己的生活照中，就能使内容连贯流畅。

这些帖子吸引了关注者，引发了影响者和关注者的对话，越来越多的人推荐了该品牌的订购服务。科拉没有为这些帖子付费，它付出的只是赠送的产品与产品运费。

左右影响者营销成本的因素

尽管所有关于影响者营销的讨论都要求我们采用不同的方法，并且以不同的思维方式来考虑其成本，但最终的成本仍然可以用数字表示。根据对市场营销人员的观察，我总结出两种评估影响者营销成本的方法，介绍如下，以供参考。

为了实施影响者营销策略，你必须有一定的资金。只需重新分配资金，就可以将影响者营销计划纳入你现有的社交媒体营销预算，或者更大范围的营销预算，不需要从头开始制作新预算。这也从另一个方面证明，影响者营销是其他营销手段的补充，不会取代其他营销方式。在这笔支出带来明显的回报之前，品牌自然会对增加预算表示怀疑。但那些野心勃勃的公司，或者早已从中取得投资回报的初创公司，通常会将超过20%的营销预算用于影响者营销项目。

根据影响者营销中心（Influencer Marketing Hub）的报告，在接受调查的市场营销人员中，只有19%的人将10%或低于10%的营销预算用于影响者营销。[6]调查显示，大多数营销人员在影响者营销上的花费占营销预算的20%以上。事实上，11%的营销人员已经将40%以上的营销预算用于影响者营销。你可以将这些数字作为参考。它是衡量你的支出和营销预算与同行是否一致的指标。

影响者营销机构Mediakix进行了一项调查，研究支出的具体数字而非百分比，结果显示，大约一半受访者的影响者营销预算低于5万美元。[7]事实上，34%的影响者营销预算不足1万美元。（见图9-1）但是这些预算不包括品牌赠送给影响者的产品价值以及人事部门和代理机构管理影响者关系所需要的开支。

影响者营销的开支已经成为营销预算的一部分，因此在针对影响者报价进行谈判时，还需要考虑其他因素。品牌需要逐一与每位影响者建立关系，同样地，每位影响者接受报酬的方式及其自身的价值也不尽相同。但面对所有的影响者，有几个共同的指标值得考虑。

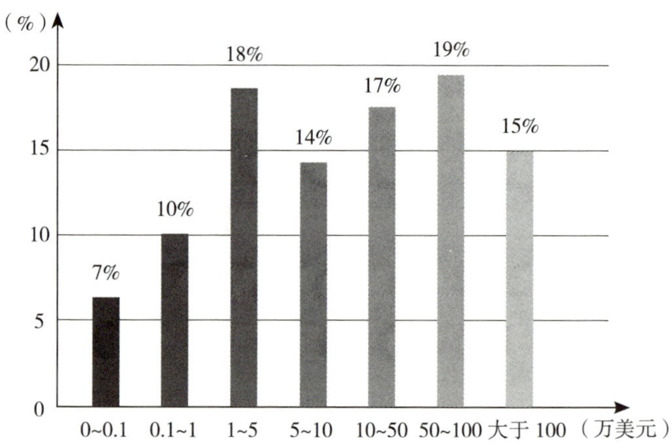

注：数据截至2019年。

图9-1　影响者营销的预算

资料来源：Mediakix。

影响者的关注者数量与互动量是你需要注意的第一点。如前所述，关注者的多少未必是最重要的指标。拥有大量关注者的影响者往往互动量较低。在针对费用进行谈判时需要考虑到这一点。

赠送的产品与体验的质量也会影响交易。如果你的品牌要组织一次会议，需要为影响者安排住宿和交通，那么预算也将进行相应的调整。

协议中也应该包含对影响者的材料的使用权，即允许你在日后将他们拍摄的图片或视频用在自己的营销内容中。从法律上来说，影响者创造的内容是他们的作品，你希望在品牌的社交媒体中使用他们的内容，这是完全合情合理的。

品牌也需要就排他性问题与影响者沟通。你需要考虑是否禁止影响者与竞争对手或市场上的其他品牌合作，要求影响者与品牌进行独家合作。也可以采取另一种方式，确保影响者所创作的关于你的品牌的内容具有排他性，而他们本人仍然可以与其他品牌建立关系。

合作期限通常是需要考虑的最后一个问题。合作期限越长，初期的费用就越低，但前提是影响者需要每月发布一定数量的帖子，或者在承诺的时间内满足其他条件。

当品牌与影响者讨论报酬时，也需要考虑到支付方式的影响。影响者可能对其他交易方式感兴趣，而这些方式可能正好适合你的品牌。最常用的两种方式是支付固定费用与赠送产品实物。根据Activate2018年的影响者营销现状研究，两者所占比例分别为60%

和47%。[8]当品牌邀请影响者在社交媒体上分享产品时，通常会赠送样品或免费的会员资格，在这种情况下，品牌通常会同时采用两种支付方式。按帖子的互动量或点击量支付费用是一种比较少见的方式，但可以用来衡量结果。联盟营销也是如此，本质上都是让影响者成为品牌拥护者。在谈判中，这些模式经常混合使用。

有一条标准经验法则可供参考，即对“照片墙”上的影响者而言，支付给他们的费用为其关注者数量的1%。[9]如果一位影响者有1万名关注者，那么他发一篇帖子的参考价格为100美元。如果一位影响者有1000名关注者，那么他发一篇帖子的参考价格为10美元，依此类推。这条指导原则早在几年前就已出现，但现在依然适用，当然它也会受到上述因素的影响。影响者营销中心与影响者统计平台HypeAuditor已经推出了一些工具，指导营销人员了解与“照片墙”的影响者合作所需要的成本。[10]

“油管”上的影响者的报价较高，通常是关注人数的一半。但许多与“油管”影响者进行合作的品牌和机构更喜欢根据视频播放量来计算报酬，这样一来，价格就会大幅下降。但对于关注者达到一定数量的影响者来说，价格可能会上涨。如果一名影响者有10万名以上的关注者，或者有100万名关注者，他的报价就会提高。必须强调的是，你要特别关注这类影响者与其关注者的互动情况。这能为你提供一定的参考，而对于那些互动量较高且在关注者中拥有较高知名度的影响者来说，他们收取较高的费用也是无可厚非的。另一方面，你也可以与微型影响者协商，争取低价。对此需要具体问题具体分析，但就像一个经济体的市场利率一样，你参与的市场越多，建立的业绩记录越多，对市场利率的理解就会越准确。

信息媒介是另一个需要考虑的关键因素。影响者可能有多个平台，可以通过多种方式吸引关注者。博客文章的价格可能从50美元以下到上千美元，这取决于其内容、关注者数量和阅读量等因素。推特帖子的价格范围也一样。“照片墙”上的一些影响者每发一篇帖子往往会收取几千美元。内容的类型或信息也会影响价格，这一点可以归结为常见的市场需求因素。旅游、生活方式和健身是影响者较多的领域，也是能够吸引大量关注者的主流话题。[11]商业博客作者或依赖B2B的影响者的受众较少，这意味着他们的价格也相对较低。

案例

保健食品公司优健贝（Good Greens Bars）

虽然在社交媒体和互联网的帮助下，品牌可以在世界各地建立关系，但品牌显然在建立本地化关系方面具有绝对的优势。怎样利用本地群体来推广你的品牌？本地的影响者具有哪些潜力？

总部位于美国俄亥俄州克利夫兰市的保健食品公司优健贝在推广蛋白棒时首先从本地入手。[12]该公司充分了解了克利夫兰当地的博客作者信息，找出其中最有号召力的几位作者。然后，品牌与他们甄选的博客作者取得联系，询问他们是否有兴趣写一写该品牌的蛋白棒。品牌从一开始就希望与这些博客作者建立长期关系，在合作时也始终秉持这一原则。

30多位克利夫兰的博客作者与优健贝展开合作，通过客座博客等方式推广产品，希望加强优健贝的搜索引擎优化，提高品牌的网络影响力。品牌网站的Alexa（一家专门发布网站世界排名的网站）排名提高到170万名以内，每月访问量超过2000人。通过分析发现，网站的大部分流量来自本地，主要来自博客引流。与活动开始前的4个月相比，活动开始后4个月的销售额增长了50%。

通过这种超本地化的方式吸引当地社群，有助于品牌将注意力集中于一个地理区域内的群体。通过这种方法，品牌能够以强大而真实的方式传播信息，突出其本土性，帮助品牌实现销售量以外的其他目标。

交易之外

如果品牌要与尚未建立关系的影响者接洽，双方的交易可能完全依靠金钱。建立关系可以降低金钱成本，因为交易中还可以用其他东西进行交换。当我们考虑使用付费社交媒体，乃至影响者营销的时候，当我们需要加强其他营销手段的时候，建立关系在不同层面上都具有深远的商业意义。

对于影响者来说，将关注度变现无疑是一个主要的激励因素，但与品牌建立关系的机会为他们提供了更多可能性。事实上，许多影响者所在的新平台已将交易中的金钱因素完全排除，只提供实物产品作为与品牌合作的激励。与影响者合作时，除了钱，你还能带给他们什么，这个问题必须要考虑清楚。要实现短期目标，金钱可能是最有效的激励手段，但当你要实现长期目标时，你和影响者需要以同一个目标建立互利的关系。

第十一章将介绍如何甄选合适的影响者。最关键的一点在于，你需要找到品牌价值观和信念与影响者的内容、社群价值观和信念之间的一致性。这样才能确保你与影响者有共同的需求。如果你选出的影响者向自己的受众谈起你的产品时，获得了最高的互动量，说明你选对了人。有了这种一致性，再加上信任，你的投资将带来最大的长期回报。长期目标、互利关系、品牌价值观和品牌信念与影响者的内容和受众的一致性，牢记这三点，随着时间的推移，这将为你带来更大的回报。免费社交媒体也遵循同样的思路。如果你可以通过免费社交媒体实现所有目标，而不必依赖付费社交媒体，这是一种理想的情况，证明你在免费社交媒体方面做得非常出色。影响者营销也是如此。如果能与社群建立有机关系，那么你可以用较少的投入让这种关系开花结果。

信任来自关系的建立，而非一次性的交易。你需要通过多层次的互动与多点沟通，努力在客户与品牌之间建立信任。这个过程需要一定的时间。与影响者建立关系时也是如此。你希望影响者信任品牌，便需要与影响者建立关系。这一点不容忽视。如果你与影响者互相信任，你们的关系就值得信任，进而赢得目标受众的信任。

要在合作的时候将影响者视为人。很多市场营销人员在与影响者首次接触时，无意中犯了一个根本性的错误，即没有将影响者当作人来对待。营销人员第一次与影响者接触就带着商业提案。这样做无法建立信任，反而说明你只是将影响者当成了一个广告平台。从个人层面与影响者开展内容上的合作会更加有效，同时能够开启关系的大门。作为一个影响者，我接触过一些品牌，他们一上来就为我提供服装、文具或配饰。这些东西并不适合我，品牌也没有进一步与我建立关系，信任也就无从谈起。

你不能将影响者当成广告牌或广告栏目那样的平台。如果影响者将自己的受众视为一个平台，那么他不适合作为信息传播的媒介。他的互动率会明显低于那些与受众关系密切且备受信任的影响者，而后者才是你要寻找的影响者，因此首次与一位影响者接触时，也应该遵循建立关系和信任的方法（后面的章节中将深入探讨这一问题）。重要的是，信任与关系的建立都需要时间。当你与影响者建立了信任与坚实的关系后，随着时间的推移，它能为你带来额外的好处。也许这些影响者会不遗余力地推广你的信息，因为他们与你建立了密切关系。我们喜欢与那些信任我们并理解我们立场的人合作。影响者也一样。

因此，购买影响力还是建立影响力，这不是非此即彼的问题。事实上，根据项目的规模，你可能需要同时采用两种方式。企业的基本原理是，建立的影响力越多，需要购买的影响力就越少，但购买能够为你打开局面。购买有助于建立，足量的水让你的作物茁壮成长，同时在需要促进自然生长的时候，为你提供一些可以利用的东西。

何时从水井中提水浇灌，如何衡量你得到的回报，这是另一个常被误解的影响者营销元素。每个人都想知道预算能带来多少回报，这一点可以理解。了解什么是可能的，哪些可以算作回报，对于了解自己取得了什么进展至关重要。因此你必须制订一个专门的营销策略，在开始之前规划好自己的投资回报率。

小型企业如何与影响者合作

有时候，影响者营销的潜在成本可能会将一些预算有限的小企业吓跑。虽然与影响者建立关系需要一定的时间，但小企业怎样用最少的钱，甚至不花钱与影响者开展合作？

重温一下上一章讨论的与影响者合作的不同方式，可以发现，有很多与影响者合作方式的成本较小，或者无须成本：

（1）赠送产品：可结合赠品或抽奖。这种方式需要你付出一件产品的成本，此外还可能有一定的运输费用。但是，如果能借此找到合适的纳米级影响者或微型影响者，让他们为产品发帖，这将是一种非常划算的影响者营销形式。

（2）联盟营销：可结合促销码与折扣。这种影响者合作方式以收益分成为基础，不需要任何成本。并非每一个影响者都会参与联盟营销，但如果你能找到合适的影响者，为他提供可观的销售分成，这将直接影响产品销量。

（3）内容策展：发送一个强有力的社交信号，这是最简单的建立关系的方式，同时也能免费通过自己的社交渠道持续发布真实内容。

（4）内容共同创造：针对日后发布博客文章或视频的主题征求影响者的意见，这是另一种免费与影响者合作的方式。

（5）赞助内容分发：虽然这种方式需要花钱请博主与社交媒体用户在自己的网站与信息流中发表与品牌相关的内容，但是与合适的纳米级影响者和微型影响者合作，每一次的成本可能不到100美元。显然，有一些具有影响力的博客作者也能接受客座博客，这样一来可能无须花费成本。

（6）事件报道：如果你正要组织一场活动，不妨邀请本地的相关影响者，这样无须为他们报销差旅费，这是一种与影响者建立人际关系的简单方式，可以带来进一步的合作。此外，你也可以将与特定影响者建立关系作为活动的主要目标。组织活动，为非本地的影响者报销差旅费，这可能是小企业必须承担的唯一成本。

第十章

为影响者营销策略奠定基础

在实施影响者营销策略之前，必须先从全局出发认识社交媒体策略，以便从整体上了解现状，找到影响者可以发挥作用的地方。和所有的商业战略一样，了解竞争环境是战略制定与实施的关键。从商业角度来看待这个问题，明确你希望通过影响者获得什么样的回报，这一点至关重要。

社交媒体是交流与信息的融合，能够使交流与影响力进一步大众化。影响者在社交媒体中占主导地位，他们拥有沟通的权力，并在平台上发挥明显的影响力。但其中暗藏一个不利因素：平台始终在变化。你的策略不应只聚焦于一个目标，必须考虑到不断变化的环境。

如果不能顺应社交媒体的变化，品牌就只能被困在过去。如果用上一次的方法来推广一个新的话题标签或产品，或者发起新的宣传活动，你将错失机会，无法吸引和利用不断变化的受众。古希腊哲学家赫拉克利特（Herakleitus）曾说：“人不能两次踏入同一条河流。”这句话阐述的就是环境的变化。同样地，“你不能两次发起同一个社交媒体活动”。从某些方面来说，与影响者合作有助于我们规避不断变化的环境所带来的陷阱。

演变实验

为了理解社交媒体策略与影响者营销计划，我们应该先了解并接受一个事实，即数字世界在持续演变。无论采取什么样的市场营销计划，都可以通过社交媒体以及与影响者的合作予以补充。但是，由于社交媒体在不断变化，因此有效地利用社交媒体不只是一个挑战。

据统计，大部分脸书用户的年龄在35岁以上。[1]脸书初建时的目标用户是大学生，当初的大学生们已不再年轻，于是年龄较大的群体成为这一平台的主要用户。由于用户群体已经彻底改变，脸书的用途也发生了变化。为了适应这种转变，满足不断变化的用户需求，平台也经历了演变，增加了新的功能。对年轻用户更具吸引力的其他平台也对脸书的用户量造成了影响。现在，青少年的社交媒体使用方式与其他群体有所不同。[2]他们通常有两个“照片墙”账号，一个账号对父母可见，另一个账号则更加私密。他们除“照片墙”外，还会顺便看一下别的平台，主要是色拉布、抖音（Tik Tok）和汤博乐（Tumblr）等。很多青少年可能没有脸书账号。

不同的文化在使用社交媒体时采取的方式不同，进而会影响平台的发展。日本人使用脸书的方式与美国人使用领英的方式非常相似。我在日本参加完商务会议后，常常当晚就收到脸书上的好友申请。如果在一个通常用于其他目的的论坛上收到了以陌生方式发来的申请，可能会让人感到一丝不安，但这也说明，并非只有领英可用，脸书也是一种销售渠道。由此可见，社交媒体会经过演变和融合，逐渐偏离其初始目标，它会随着时间动态变化。

推特起源于一家播客公司内部的“黑客马拉松①”，它针对的是一个人的“状态”或者一个人在某个时间段内所做的事情，但如今它已演变成新闻发布的地方。[3]飞机在美国纽约州哈德逊河上迫降的消息就是通过推特传开的。[4]惠特尼·休斯顿（Whitney Houston）去世的新闻也是推特最早发布的。[5]平台始终在变化。脸书原本是大学生之间交流的工具，但现在，脸书不止于此——其创始人兼首席执行官马克·扎克伯格需要在美国国会作证并回应英国议会要求，就是有力的证明。[6]社交媒体平台的发展源自用户与网络功能的双重压力——人们想改变什么，如何改变。利用社交媒体的效果以及影响者营销的效果也在不断变化。

社交媒体是受众参与的重要实验，对影响者也是如此。要从商业角度来看待这种持续的变化，需要进行不同层次的衡量并选取不同层次的数据点。管理社交媒体和影响者营销的唯一方法是数据分析。我们必须明白，数据与投资回报是持续变化的。因此我们也要适应这种变化。不存在一条万能的途径，也不能倒退回到同一条社交媒体的“河流”中。你希望通过一些方法取得成果，但这些方法未必始终奏效。有时你会发现，虽然受众的规模较小，但他们的参与度很高，或者反过来，受众数量庞大，参与度却较低。唯一有效

① 一种连续、集中式的编程活动。——编者注

的方式是进行实验，并始终以数据为依据。幸运的是，我们可以衡量实验的结果并制订计划，同时与影响者合作，适应不断变化的环境，从而用我们的信息吸引目标受众。

案例

TUNG舌刷

影响者营销是否有助于同时实现多个目标？如何利用影响者检验哪些产品会在市场上广受欢迎？

在新产品发布的早期阶段进行影响者营销活动，带来的不仅仅是销售量的提高。TUNG是美国销量最高的舌刷品牌。[7]品牌准备在其产品目录中添加一系列新颜色的产品，于是他们将颜色选择过程与影响者营销策略挂钩，以提升受众的参与度。提升品牌在"照片墙"上的影响力、增加销售量并选出消费者喜爱的颜色，这些都是此次活动的目标。品牌通过影响者营销，在多个层面上取得了成果。

为了提升品牌在"照片墙"上的影响力，TUNG与社交媒体顾问克里斯滕·马修斯（Kristen Matthews）合作，在美国找了26位在博客和"照片墙"上有影响力的相关影响者。[8]品牌打算与一批影响者合作，同时又希望将影响者的数量控制在可以管理的范围内，这样品牌才能与每一位影响者建立人际关系。对品牌来说，与影响者保持个人层面上的关系，追踪并明确每一位影响者在宣传活动中所处的位置，这一点至关重要。

每一位影响者都需要创作一篇博客文章与“照片墙”帖子。该活动的关键在于“照片墙”上的深度互动，并建立一个影响者图片库，以便在日后可以再次发布这些图片。为了激发创造力，TUNG为最有创意的“照片墙”帖子提供了价值250美元的亚马逊礼品卡。博客文章既包括有关产品的针对性内容，也包括以舌刷为主题的一般性内容。

每位影响者都收到了10种颜色的舌刷，他们为关注者设置了链接，请关注者投票选出适合加入产品系列的颜色。参与投票的每个人都需要提交一个电子邮件地址。为了鼓励关注者投票，每一个填写电子邮件地址的参与者都可以参加抽奖，有望获得价值250美元的亚马逊礼品卡。（影响者发帖后可以得到一个专属码，TUNG能够识别这个码，并通过该码追踪每一位影响者所带来的销售量。）

在这个过程中，影响者创作出大量内容，可供品牌重复发布。虽然没有明确的数字，但产品的销售量的确有所增加。投票链接为品牌数据库收集到5000个电子邮件地址，从另一个层面上提升了这一次活动的投资回报率。

戴明环

大约10年前，我第一次为企业制订社交媒体策略，当时还没有任何框架可用于打造个体的社交媒体影响力，也无法衡量该影响力的效果。我在日本工作过几年，在以前的公司里接触到爱德华兹·戴明（W. Edwards Deming）教授的学说。[9]

在日本，戴明被视为质量控制之父。他在20世纪50年代提出的学说为日本带来一场革命，帮助日本实现了高质量低成本的规模生产，因此至今仍然备受推崇。索尼和丰田汽车等公司正是受益于他的学说，才取得了后来的成功。他的学说之一是优化可衡量的过程，通过科学的过程推动各项工作，这个过程就叫戴明环（Deming circle）［也叫PDCA循环，分为计划（Plan）、执行（Do）、检查（Check）和处理（Act）四个阶段，见图10–1］。戴明教授的导师沃特·休哈特（Walter Shewhart）最早提出了休哈特循环（Shewhart circle），戴明教授在此基础上进行了发展，从而有了戴明环，其目的是为实验引入科学的方法，但在日本，戴明环也被广泛应用于商业领域。

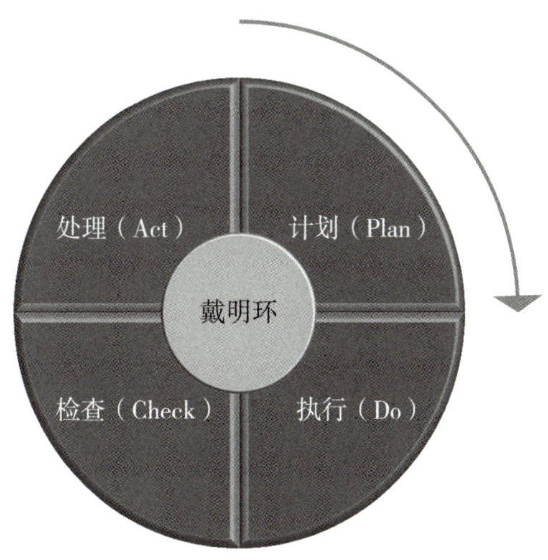

图10–1　戴明环（PDCA循环）

最初，戴明教授将戴明环用于质量控制与生产实验。他本是一位物理学家，却看到了将科学实验的原理迁移到商业领域与生产中可能带来的好处。戴明环鼓励人们在开始行动之前做计划，从而明确目标，然后总结执行计划的结果，继而对结果进行处理，并为下一阶段做计划。这个过程循环往复，每一次都要精益求精，积累成功的经验。由于社交媒体始终在变化，而戴明环永不休止，因此我认为两者可以完美地结合在一起，从而不断完善结果。戴明环适用于制订社交媒体策略和影响者营销策略。

制订社交媒体策略或影响者营销策略的第一步是思考终点。很多社交媒体策略与影响者营销策略都存在一个问题，即企业不知道如何判断成功与否。这是一个不同于传统营销模式的新方法，因此判断成功的标准也有所不同。企业常常在不清楚成功标准的情况下就开始利用影响者进行市场营销或实施社交媒体策略。由于没有统一的度量标尺，无法对结果做出衡量，导致企业不断质疑投资回报。如果在开始制订计划时，明确关键的绩效指标，那么从一开始你就知道要衡量的是什么，哪些结果意味着计划取得了成功。

在实施影响者营销与社交媒体营销的时候，我们要谨记一句老话：不要用爬树的能力来衡量一条鱼。明确绩效指标对于计划的制订至关重要。你希望实现什么目标？先概述目标，然后再回到起点，对下一个计划进行改进。然后你才能明确整个项目的目标。这样一来，你可以对执行路线进行衡量并予以完善，同时不断调整实施过程，确保实现你所追求的投资回报率。

从哪里开始制订策略

以终为始。你希望自己投入的时间与金钱能够带来什么？与竞争对手相比，你有哪些优势和劣势？哪些优势值得继承和发扬？哪些劣势需要弥补和改善？通过与影响者合作，你希望产生多大范围的影响力？为了解决这些问题，我们必须考虑以下几点。

回顾你的品牌在社交媒体上的表现，分析你所处的行业，了解竞争对手如何衡量他们的社交媒体策略，你才能知道自己的品牌在社交媒体上存在哪些不足。

有一些工具可供企业使用，来评估其数字足迹和社会足迹。在互联网出现之前，这些信息非常有限，且需要付出巨大的成本，只有某些行业通过市场调查报告的形式才能获得。虽然这些报告仍然有一定的价值，但互联网和社交媒体是开放的领域，在这里你可以直接观察竞争对手的活动，并轻松地与他们进行比较。虽然无法收集你所需要的全部信息，但在数字和社交媒体方面，仍有大量商业情报可以作为基准和关键业绩指标。

例如，通过搜索引擎优化专用工具，如SEMrush，你可以将自己的搜索引擎排名与竞争对手的排名进行对比，也可以找出推动网站流量的关键词与内容。从社交媒体的角度来看，一些对所有人开放的数据可以显示出用户在某个社交媒体平台上的参与度、你和竞争对手在平均参与度、发帖频率以及其他方面的差异。通过对最近发布的帖子进行评估，了解你在社交媒体中的排名，这是社交媒体策略的重要组成部分，也能让你充分了解自己与竞争对手的差距。网站上的数据点也体现了博客和社交媒体影响力的重要性。你的竞争对手是否积极主动、富有吸引力？竞争对手是否制订了策略？

你可能从竞争对手的策略中发现，他们每天发一篇帖子，而且多用“照片墙”，而不是脸书。这些观察结果能够帮你做出决策：下一步采取什么措施，要在哪些地方取得领先，如果你想挑战竞争对手，应该怎么做。分析你与竞争对手的互动率和社群规模，你们的差距在哪里？也许你不想使用“照片墙”，或者希望影响者替你操作。此时就可以借助影响者营销。现在，你已经知道需要在哪些领域制订策略以及这些领域的优先顺序，哪些领域需要运用影响者策略、付费社交媒体策略或其他内容营销方式。

这些信息也能帮你调整目标受众与客户。也许你的目标群体与主要竞争对手的目标群体有所不同，因此你对竞争对手所控制的平台不感兴趣。你了解得越充分，制订的策略越周密，目标越准确，影响者营销的效果就越显著。你需要知道受众是谁，客户是谁。你需要知道他们如何使用社交媒体，如何与你进行互动。哪些渠道适合你的目标受众？“千禧一代”可能更喜欢使用“照片墙”而不是脸书。如果你无法将信息转化到这个平台上，那么就需要借助影响者将你的信息带给受众。通过倾听加以判断和理解，这样才能更好地向受众传播你的信息。为此你需要了解受众，是谁在说话，谁的声音值得信任，他们在哪个平台上。

记录你的品牌与竞争对手的差异，以及你们使用社交媒体的方式，再结合企业的内部商业战略与市场营销战略。掌握了足够的背景信息后，你可以确定影响者营销项目的目标。营销目标可以分成两类，增加收入，减少成本。社交媒体营销可以从多个方面实现这些目标。同样地，在实施营销策略之前，你也必须明确目标。

与直接或间接增加收入相关的目标主要包括：提高品牌知名度；培养消费者对品牌的信任以及品牌的信誉；发展更大的社交媒体社群；为品牌内容争取更高的参与度；开发潜在客户并提高销售量；推广特定产品或产品相关的活动；维系客户关系；通过链接建设优化搜索引擎和为网站引流。如果目标主要是降低成本，那么通常要设法利用社交媒体进行招聘、客户支持以及传统营销模式的整体转变。近年来，降低成本的目标还包括将内容创作外包，将内容成本转移给影响者。本章的后半部分将更加深入地探讨一些更常见的目标。

我们应当将这些目标结合起来。影响者营销也带来了一些无形的好处，例如寻找新的合作伙伴、声誉管理、提高客户满意度、增加品牌拥护者，这些都与建立长期关系有关。为此，2019年影响者营销中心针对品牌的影响者营销进行了调查，结果发现，大多数企业都将提高品牌知名度、增加销售量或内容创作作为优先目标。[10]

影响者营销是一个过程。先确定目标才能准确判断你需要为每个目标做什么，从而开始影响者营销的过程，然后再利用戴明环，调整计划，采取相应的行动，并执行计划的下一部分。明确目标之后，你会更加清楚与影响者合作时会发生什么。如果你出于某个原因与影响者开展合作，却使用另一个指标或数据点进行衡量，那么你将无法对策略进行相应的调整，可能会得到负面结果。

影响者营销所带来的一大好处就是你可以自主定义成功。只有明确了作为参考的数据点，结果才有意义。如果你无法明确这些数据点，就无法明确你正在做的事情。

案例 •

手指部队

如果影响者与你的目标群体有共同语言，你们与他们合作就是至关重要的策略。这些影响者已经在自己选择的平台上吸引了一批关注者，因为他们知道如何与这些网络中的受众互动。他们有共同语言，知道如何交流。

为了推出新游戏《手指部队》（*Tiny Armies*），游戏开发商“游戏堆”（PlayStack）与游戏红人展开合作。他们邀请4位德国手游达人前来主持这场宣传活动。[11]活动的重点是利用影响者在“油管”和图奇上的人气，宣传游戏，吸引人们下载游戏。除了让影响者展示游戏，活动还安排影响者的粉丝参加了一场锦标赛式的多人对战。

“游戏堆”在游戏中添加了一项专门针对锦标赛活动的功能，以帮助影响者组织自己的战队。每个影响者都在游戏内部与官方网站上成立了自己的战队。用户可以加入游戏战队，支持他们最喜欢的游戏主播。用户可以在玩家对玩家的模式下与其他玩家对战，同时积分，以此作为影响者的总分。社群自然而然就建立了起来。活动提供了一系列奖品以激励人们参与，包括2017年免费参加科隆国际游戏展（Gamescom）。

4位影响者制作了自己的“玩起来（Let’s Play）”视频，在“油管”上发起活动，然后在图奇上进行游戏直播，宣传他们的战队，吸引用户加入。在比赛期间，每个影响者都向社群发起号召，鼓励他们参与比赛，同时尽可能多地吸引游戏玩家，壮大战队。最后一天的比赛进行了现场直播，所有用户与广大受众都可以参加，大家为胜利而战。

此次活动取得了巨大的成功。数据显示，该游戏的浏览量为17.4万，下载安装达9090次，每次产生的安装有效成本为1.66欧元。活动结果还显示，游戏安装后的留存率比以往高14%。

计划目标与衡量标准

每个目标都有相应的数据点、关键绩效指标或者可以体现投资回报的衡量标准。这些是最常见的，或者说是我在工作中发现的最有效的目标和数据点，但这并非一份详尽的清单。清楚自己的目标与衡量标准，其重要性值得再三强调。实施计划之后，你将获得多方面的数据，从而对比不同计划的效果、不同网络的有效性，并得到大量其他方面的数据指标。大量的数据可能会让人感到困惑和不知所措，也可能使你偏离初始目标。但是，你必须紧抓重点，始终保持清醒。

对于每个影响者，你也应该有基本的衡量标准，衡量他们的表现，帮助你确定与哪些影响者以哪种方式展开合作。当你要招募新的影响者，阐述期望的投资回报时，这些数据点也可以为你提供参考。

对于进入新领域或新行业的初创公司与品牌，或者推出新产品的公司与品牌，提高品牌知名度是一个关键目标。借助影响者提高知名度并传播信息，这是非常有效的方法。对于影响力与影响范围的关键指标，你可以借助社交媒体工具加以衡量，用帖子与内容的分享数据以及话题标签的参与度来衡量活跃情况。

通常情况下，有一项目标主要与原创内容或品牌信息有关，该目标可以表述为扩大内容的影响范围与参与度。这里所谓的内容，可以是用于分享的单一内容，也可以是写博客、在社交媒体上提及与讨论的内容。或者可以定义为持续的内容参与。其衡量指标包括内容引发的反应、内容的展示量或点击率，此外也可以利用社交媒体分析工具衡量内容的参与度。

即时数字是一种直接指标，能够体现出社群是否在发展，你的关注者数量或点赞数是否增加。更进一步，我们还可以分析对比数据。如果在分析自己社群的同时也能关注竞争对手的相对增长率与互动率，你将看到更加真实的情况。

为网站引流或生成销售线索与销售量是一个常见的目标，这往往会改变或调整传统营销目标。为了衡量营销效果与投资回报率以及参与度，我们可以利用分析工具来分析网站或电子商务网站的引荐流量。可以使用包含UTM参数[①]的网址来轻松衡量哪些影响者带来

① UTM参数是一种标准的跟踪渠道流量的参数，可用来跟踪网站的流量来自哪些渠道、哪些媒介等。——编者注

了最高点击量与流量，并利用谷歌分析（Google Analytics）等工具来分析这些数据。可以利用每个平台的分析工具对影响者发起的讨论进行分析，以判断参与度。针对具体的销售线索与销售量，我们也可以通过影响者的折扣码衡量其效果。

如果你的目标是将影响者策略与搜索引擎优化组合起来，那么你可以运用分析方法衡量从一个网站到你的网站的反向链接。通过社交搜索引擎优化，当人们想搜索你的产品或话题标签等内容时，他们就能找到与你的品牌相关的信息，因此你可以在相关的社交媒体中进行检索，查看品牌的排名情况，以此来衡量你的内容竞争力。

对很多品牌来说，它们要将预算从传统营销转移到影响者营销。可用来分析或衡量的指标是投资回报率。我们可以对比广告与影响者营销的投资回报率，确定影响者的效果。利用分析工具，可以轻松衡量并对比每一次展示的成本、每一次点击的成本与每一次行动的成本，我们将在第十三章介绍这些工具。

案例 •

手表品牌莫克贝格

如何将大量的关注者转化为愿意消费的客户？当你吸引了一批关注者，即使是通过影响者宣传活动，将社交媒体影响力转化为销售量往往也存在障碍。瑞典手表品牌莫克贝格（Mockberg）彻底改变了“买家旅程”，将关注量转化为销量，同时只用“照片墙”就扩大了其社交媒体的影响范围。

莫克贝格意识到，品牌在“照片墙”上的关注者数量达到了6万名，尽管关注者越来越多，销售量却没有相应增长。莫克贝格与调研机构Relatable合作后发现，生成销售线索受一种强大激励因素的驱动，这种激励是不可抗拒的，极具吸引力。此时，莫克贝格已经结束了传统“买家旅程”的品牌认知阶段。为了让6万名关注者参与活动，品牌设立了一个赠品项目。[12]

认识了你的品牌，并关注品牌之后，用户自然会知道你做了什么，但他们需要一个理由来购买你的产品。调研机构Relatable与莫克贝格认为，一个不可抗拒的、具有稀缺性和紧迫性的物品及明确的行动号召是吸引用户购买的理由。在这个案例中，莫克贝格提供了60欧元的代金券，用户分享自己的电子邮件地址，并艾特[①]一个朋友，便有机会赢取一张代金券。莫克贝格可以在评论中抽取电子邮件地址并进行实时保存，为每个潜在客户提供个性化服务。这样进一步拓展了品牌与关注者的接触方式，建立了新的联系平台，并用另一种方式将关注者转变为客户。

不到一个星期，莫克贝格生成了326条销售线索，数据显示，30%与帖子互动的用户参与了这项活动。此次活动的帖子创造了7406美元的收入和1117次互动。

除了利用品牌自己的“照片墙”账号进行沟通，莫克贝格与

---

① 艾特，网络流行词，字符“@”的音译。网络中常用“@+昵称”用于提到那个人或者通知那个人。——编者注

影响者进行了合作。它与一家机构合作，确定了一批关注者数量不高但高度相关的时尚影响者，重点关注他们的影响范围与关注者参与度。7位影响者被任命为品牌大使，扩大了活动的影响范围，吸引了超过100万的“照片墙”用户。7位时尚影响者均发布了一次品牌链接，到活动结束时，莫克贝格的关注者达到了101多万人，这7篇帖子共获得点赞、评论与提及2.3万次，生成1363条新的销售线索。此次活动带来收入1.3万美元。预计明年这个新渠道能够增加10万美元的收入。

通过排除法制订策略

制订策略时常常被忽视的一项关键要素是明确不做什么。你不需要无处不在。如今社交媒体覆盖如此广泛，你更不可能照顾到每个地方。这样做反而会得不偿失。如果你是一家B2B办公设备公司，利用色拉布或图奇会削弱你的关键信息，让你完全错失目标群体。如果你有一个社交媒体的账号，却从不使用，或者不知道如何高效互动，那么就会对你的整体策略造成损害。你总不希望别人搜索你的品牌时，看到的是一个没有关注者的休眠账号。与你的品牌的每一次互动，都有可能提升品牌形象或损害品牌声誉。因此确定不使用哪些平台，不做什么，这与确定你需要做什么同样重要。它能帮助你完善策略，并确定如何利用自己的优势。

这也是影响者可以发挥作用的地方，他们可以覆盖你无法触及或不熟悉的领域。也许你不知道如何充分利用“油管”进行交流，或者你很难通过“照片墙”进行视觉交流。因此与那些擅长使用这些平台的影响者合作，比盲目加入竞争更有利于品牌与信息的传播。将影响者纳入社交媒体策略中，有助于弥补你的短处，从而形成一个条理清晰的策略。利用社交媒体，制订影响者营销策略，并非意味着你必须面面俱到。你需要先明确重点，然后在此基础上制订策略。

第十一章

甄选影响者的科学与艺术

很多品牌在进行影响者营销时，面临的最大挑战就是如何找到合适的影响者。第二大挑战是设法建立互惠互利的关系，因此准备工作是关键。但问题之一在于，我们要改变思维模式，明白品牌与影响者之间存在的关系，是合作而不是交易。与影响者合作涉及不同程度的参与，需要进行不一样的投资，以发展双方之间的关系。就像所有的长期关系一样，投入和需求存在差异。我们需要花费一定的时间才能了解彼此的需求，明白如何让影响者成为你的品牌拥护者。

现在社交媒体营销已成为主流，至少绝大多数品牌都开始考虑影响者营销的问题，于是很多人意识到，影响力的大小未必与社群规模呈线性相关，它更多地与帖子的影响范围及参与度有关。如前文所述，拥有适量关注者的影响者的互动量往往更高。当你瞄准一个特定群体，或者通过发布新产品接触到不同的群体时，与其和拥有数百万关注者的影响者合作，利用微型影响者或利基市场可能更有利于实现你的目标。与五位关注者数量均为1万左右的影响者合作可能比与一位关注者数量达10万的影响者合作所产生的影响力更大，带来的参与度更高。

因此，找到合适的影响者也变得愈发具有挑战性，对影响者营销策略的成功也愈加关键。此外，影响者必须符合你的策略目标。

认清形势

影响者的背景各不相同。他们以不同的方式创造内容，同时发挥着不同类型的影响力。他们的受众是谁，搞清楚这一点非常重要。我想起一个故事，品牌与女性健美运动员合作推广女性运动服装。如果品牌事先进行过调查就会发现，他所选的影响者的绝大多数关注者是男性，而不是品牌希望接触的女性健身爱好者。同样地，如果一个品牌致力于打造“街头信誉”[①]，那么与不符合这个核心价值和形象的影响者合作会与品牌的基调背道而驰。也许品牌将失去在核心群体中的信誉，也许品牌的影响力会得到提升。在了解影响者情况时必须解决这些关键问题。你希望吸引什么样的社群？目标受众是谁？这些目标受众关注了哪些影响者？明确了这些问题的答案，我们就掌握了大量有用的信息。

一些影响者营销策略的第一步是选出数十个或数百个影响者，然后分析谁最符合品牌的核心价值且具有最高的品牌亲和力。据我了解，有些品牌一开始会找数千个影响者。这似乎有点极端，但不论什么规模的社群都有影响者，因此影响者的数量只会持续增长。虽然你不能给所有人打电话推销品牌，但这种按部就班的想法是相似的。要与一定数量的影响者建立关系，就要先找到更多的影响者。

---

① 街头信誉指因与城市年轻人具有相同的风尚、兴趣、文化、观点等而易被其接受的特质。——编者注

案例

克里夫小子

在规划社群时，你可能会发现大量的影响者，难以进行小范围的合作。你可以从小规模的计划开始，逐步升级，或者从一开始就瞄准大型计划。在这种情况下，如何开始计划宣传活动？大型活动能带来什么好处？

零食品牌克里夫小子（Clif Kid）希望向孩子们传递有机零食与营养零食的信息，因此品牌决定从大规模的宣传入手。品牌与一家机构合作筹划自己的社群与目标市场。[1]在这种情况下，品牌要与家长建立关系，宣传他们的信息，即儿童需要在课堂之外也保持活跃，从而强化品牌的价值观“营养与有机食品”。

这项活动的目标之一是确保家长在任何地方都能看到信息。品牌与受众以家长为主的影响者合作。活动蔓延至多个平台，采用了多种多样的形式，包括博客活动、“照片墙”活动、播客活动、推特聚会与联合发布等。

共有600多位影响者参与了此次活动。活动的范围之广与参与者之众，使其规模大于本书中列举的其他活动。与小规模活动相比，这样的活动需要投入更多精力与时间，但在某些情况下，这是明智的做法。让信息传播到各个地方，通过600多个影响者放大内容，这意味着你在不同的平台上可以选择不同的方式。

经过此次活动，品牌内容的展示量达到5.7亿次，“油管”视频的观看量为30.1万次，“照片墙”上的互动超过7.9万次，互动率达到4.1%。

这种方法所达到的效果类似于传统的广告时段。像《生活大爆炸》（*The Big Bang Theory*）这样的电视剧，每一集大约吸引2000万名观众。[2]通过对影响者营销活动的大量展示，克里夫小子的信息在社交媒体上得到大范围的传播，吸引眼球的速度超过了黄金时段情景喜剧中穿插的传统电视商业宣传。

你要知道自己寻找的影响者是谁。很多影响者就是我们身边的人，只不过他们在社交媒体上建立了一个平台，赢得了受众的信任。他们可能是品牌的客户，已经与品牌建立了密切关系。也可能是品牌的追随者或拥护者，一直在分享品牌的帖子并与品牌互动。他们可能已经与品牌建立了密切关系，因此很容易将他们转变为影响者。同样，他们可能早已在谈论你的产品或业内类似的产品。他们已经参与到对话中，因此下一步就是利用他们的声音为品牌造声势。

为了更加全面地寻找合适的影响者，可以用一般社交媒体用户在检索信息时所采用的方法，在你希望使用的平台上搜索关键字和话题标签。我们可以看到讨论与交流的情况和范围。你需要设法融入正在进行的讨论，确定人们在谈论什么。你需要研究如何将这个话题转变为有关品牌或产品的话题，并评估谁的声音最能传达这一信息。如果影响者已经在谈论你的品牌或竞争对手的品牌，那么他们已经吸引了相关的群体。如果能找到所有参与讨论的影响者，就可以按照与品牌的密切关系从高到低将他们排列起来。

当W酒店开始寻找影响者时，他们决定先从品牌“照片墙”账号的16.5万名关注者中寻找。[3]其中一位关注者是摄影师，拥有大批粉丝，旅行经历非常丰富，经常发帖，是理想的合作对象。他能制作出优质的视觉内容，吸引的群体中包括入住W酒店的游客。此外，他已经关注了酒店的社交媒体账号，分享过酒店内容，已经与酒店品牌建立了密切关系。事实证明，与他的合作颇有成效，实现了双赢，将双方的关系提升至新的水平。

不合常理的好方法

你在线下可以做大量工作。大部分工作都不必借助工具，自己动手也能完成。接下来我会解释这样做的好处。线下方法包括询问周围的人关注了哪些影响者。这些影响者是否在谈论类似的产品？他们的帖子反响如何？他们会讨论市场上的多种产品还是只讨论一种产品？

一个方法是询问身边人。员工、销售人员、合作伙伴、营销人员、客户以及你和品牌周围的所有人。任何人都有可能是社交媒体上的活跃分子。任何人都有可能参与线上交流。一开始，你要先想一想该向谁询问。影响者数量庞大，你可能连许多人的名字都没听说过。因此必须先分析自己的目标群体，然后从这些目标群体倒推。如果你的孩子与员工或邻居的孩子符合你的目标群体特征，那么他们可能更清楚这一群体中有哪些影响者。在启动计划之前，有必要先向这些人打听，他们会受谁的影响。

另一个方法是了解客户决策。客户的决策是否受影响者的影响？你的客户会关注哪些影响者？通过这一方法，你可以发现有些影响者已经与你的品牌建立了密切关系，并且在积极讨论你的产品。

运用线下方法之后，你可以再启用线上方法，通过搜索与他人推荐，深入了解影响者。线上与线下的搜索结果可能存在交集。显然，你可以从谷歌搜索开始，寻找影响者发布的相关帖子或文章。用相关的关键词寻找博客作者或“照片墙”红人、推特用户等，你可以迅速了解在相关领域中有哪些影响者，还能借此找到清单帖子与十大活跃于业内的影响者。在社交媒体上，你可以轻而易举地找出脸书上与你的品牌、行业或产品有关的帖子，或者搜索“照片墙”上的相关话题标签。在领英上也可以通过关键词搜索，找到相关的活跃用户。推特用户可以管理各种主题列表，这项功能对你十分有利。其中一些列表已经过筛选和组织，方便使用。浏览了这些列表之后，你就能了解影响者发挥影响力的模式与趋势。通过这些信息，你可以进一步搜索，了解谁在与自己的受众互动，互动的程度如何。到了这一步，你一定会找到其他影响者，听到其他影响者的声音，看到其他话题标签与讨论，这些都可以进一步展示你的话题。

必须记住，在影响者的汪洋大海中，你并不是在随机寻找。你不仅要找第一个脱颖而出的影响者，更要寻找能将你与其他人联系起来的影响者。为了尽可能提高搜索效率，你必须尽可能地明确影响者的具体特征。影响者所在的地理位置、受众、参与度、经常发布的帖子主题、发帖的频率、他们喜欢的内容媒体——这些都是你在甄选影响者时需要考虑的问题。搜索条件越具体，你越能明确地知道自己在寻找什么。这些条件可以帮你过滤掉很多人，进而找到理想的合作对象。

大黄蜂食品公司（Bumble Bee）正在寻找一位品牌大使。[4]该品牌与一家代理机构合作，希望寻求与一位影响者的长期合作。品牌明确了自己的需求与价值观。他们希望与健身领域的影响者建立长期合作关系。品牌非常想与美国的一位影响者合作，因为他十分符合公司的核心价值观。此外，品牌还希望合作对象能够发布高质量的健身内容，并且有健身教练资格证，以体现内容的可信度。与大黄蜂食品公司合作的机构搜集了一批影响者，并根据条件对他们进行分类，以找出最合适的人选。最终他们找到了符合所有条件的健身博主普雷斯利·萨蒙（Presley Salmon），品牌与他建立了长期合作关系，目前他已创作了100多条内容。

案例

丽莎的影响者营销

丽莎（Leesa）①没有建造展销厅，而是选择线上向客户出售豪华床垫。对于床垫这类产品，不经过测试就直接下单，这需要很

① 丽莎（Leesa）成立于2014年，是美国的一个奢侈品床垫电商品牌，它打破了传统实体店销售床垫的模式，采取线上展示和直销的方式直接为顾客将床垫运送到家门口。——编者注

大的勇气。丽莎提供了100天的床垫试用期，但是相对于在豪华床垫上的初始投资，品牌仍然需要大量潜在客户。品牌清楚这一点，因此希望通过影响者营销传播产品知识，提升客户对品牌的信任。[5]

最初的计划规模较小。丽莎的目标受众是在未来六个月内会购买床垫的女性。品牌瞄准了一部分博客作者，他们是公认的商务品牌的专业测评员。丽莎向他们赠送床垫，希望他们进行公正的测评。之所以挑选这些博客作者，是因为他们在目标群体与意见真实性方面具有优势。丽莎并不是唯一采用这种方式的品牌，一些博主将丽莎的床垫与其他品牌的床垫进行了对比。有些博主也发布了开箱视频。通过传播床垫的信息、评论与对比测评，以及开箱视频展示出的兴奋感，潜在客户能够充分了解丽莎床垫能给自己带来什么。

品牌看到成效后，开始设法扩大宣传规模。第一步是了解哪种内容最能吸引人们参与互动，进而扩大影响范围。最有效的内容是个人推荐与开箱视频。第二步丽莎将合作的影响者与博主扩展到那些在手工制作和风格（包括室内设计）方面有影响力的人。粉丝参与度与内容风格是决定合作对象的关键因素。

通过与那些能够表达真实意见的影响者合作，丽莎网站的点击量突破10万次，在统计时间段内共售出400多个床垫。此外，品牌的网络形象与影响力也得到了提升，形成了一种长期的积极效应。

搜集工具

现在网络中有越来越多的工具可以帮助你寻找合适的影响者，实现影响者营销的规模化，但是我建议一开始不要借助工具，先自己动手完成这些工作。对于一个依赖工具进行衡量与优化的数字营销人员来说，这个建议听起来似乎有悖常理，但我自有道理。工具的种类繁多，如果你尚未明确目标，纷繁复杂的工具可能会令你陷入混乱。只有当你知道自己要什么的时候，工具才能发挥作用。但是，如果对工具不加选择地使用，那么它也难以发挥理想的作用。假设你要在墙上挂一幅画，为了确保将画挂得端正，你可以使用水平仪。但是，如果你只是想在墙上钉一颗钉子，水平仪就无法发挥作用。用锤子衡量一幅画是否挂得端正，这也是浪费时间。同样的道理也适用于网络工具。你必须明确自己要衡量哪些内容，哪些工具最有用、最能节省时间与金钱，并且能够带来最清晰的结果。

很多营销人员在选择工具时往往十分草率。这也可以理解：工具能够使生活更加便利。但是，最初由自己动手搜寻会带来很多好处。就我个人而言，在初始阶段不使用工具，我才能深入了解社交媒体用户的观点。在由工具找出的影响者中，其中一部分可能满足搜索条件，但由于某些原因，用户用正确的关键词进行检索时却找不到他们。你希望通过影响者接触的潜在社群、潜在客户不会使用这些工具或遵循这些条件来查找他们自己想要的信息。他们可能会通过谷歌搜索。他们可能浏览脸书和推特上的帖子，在“照片墙”上寻找话题标签。如果你希望接触的社交媒体用户采用这样的方法查找信息，那么你也应该以同样的方法，看看他们在检索时能找到哪些人。

你的潜在社群与潜在客户如何查找这些信息？他们关注了谁？了解这些方式，并通过话题标签与博客文章找到源头后，你才能明白客户是如何找到这些信息的，与此同时，你也可以了解网络作用下新的“买家旅程”，更加清楚受众正在阅读的内容以及对他们产生影响的人。

通过这种方式得出的影响者列表并不是一堆浏览一遍即可的名片。群发邮件无法吸引他们支持你的品牌或活动。你需要与这些影响者联系并开展合作。我发现，先使用线下的方法可以让起步更加自然、简单。在评估视觉化社交媒体时，自然方法和人工方法都有所帮助。只需看一看潜在合作伙伴的信息流，就能发现工具发现不了的数据点，既有正面的，也有负面的。这样一来，你才能更好地衡量影响者与品牌形象和核心价值观的契合程度。

影响者营销公司Onalytica公司专门研究寻找影响者的数字工具，它与名为Formative的机构合作，对比了影响者筛选的两种方法。[6]两家机构针对同一客户的需求进行工作。影响者营销公司Onalytica先分析了数据与指标，通过筛选程序确定了一批备选的影响者，以便从中找出符合客户具体要求的影响者，最后筛选出294个可供合作的潜在影响者。Formative从客户那里拿到信息与条件清单，然后采用人工方式，找到了364个备选影响者。不可否认的是，这样的搜索并没有达到预期的广度——这次搜索的目的是建立一个影响者储备库，而不是缩小可能的影响者范围。有趣的是，只有39

个影响者被两家机构同时选中。这个比例非常低。两个过程的最终结果截然不同，搜集的备选影响者也大不相同。这个案例没有体现出两种方法各自的优势，而是从多个方面体现了调查的价值。人工方式与网络工具的侧重点不同。通过进一步分析可以确定这39个重叠的影响者是否是最适合客户计划的人选，但即使运用工具，我也建议将两种方法结合起来，避免遗漏。

这并不是说工具在搜集影响者的过程中毫无作用。工具可以在几分钟内访问不同的应用程序接口（API）并处理数据，而这项工作需要耗费一个人数年的时间，而且常常出错。这些工具可以发现人看不到的东西。人工的方法有密切的前后关联，且成本较低。工具可以提供更加丰富的数据集，这对我们观察影响力随时间的变化特别有帮助。工具也能通过数据操作为我们带来启示。但是，我认为应该先采用人工方法。无论如何，你都要亲自检查工具搜集到的影响者。我认为两种方法都有各自的用处，但先使用人工方法，意味着你从初始阶段就采用了自然方法，这有助于日后与影响者的联系。将两种方法结合使用，结果会更加全面。

案例 •

夏威夷旅游局

发布一个话题标签，希望人们参与互动，这是一回事，但取得成功则是另一回事。如何有效地将用户生成内容与你的标签结合起来？如何培育标签，使其在发布之后能够继续吸引关注？第一步是确定合作重点与主要的影响者。

“照片墙”已经成为视觉交流的默认平台。媒体充斥着视觉元素，知名的影响者通过视觉语言进行交流，这些都说明“照片墙”非常适合视觉表达与影响者营销活动。如果你的产品适合视觉展示，那么你面临的挑战是保证你所发布的内容是人们前所未见的。

夏威夷旅游局利用“照片墙”发起了一项活动，虽然没有采用什么新鲜的方式，但依然能证明照片墙对旅游业的影响力日益提升。[7]此次活动的核心目标是在社交媒体中展示来自夏威夷的独一无二的图像，使社交媒体的用户看到这些图像，并使用户对帖子所展现的体验产生向往之情。为此，该活动尽可能地利用了用户生成内容，并通过与知名的旅行影响者合作来扩大标签的影响力。夏威夷观光和会议署与包括乔丹·赫舍尔（Jordan Herschel）（他因常去一些与众不同的旅游目的地而闻名）在内的“照片墙”旅行达人合作。这些旅行领域的影响者对这个话题标签进行了推广。夏威夷观光和会议署还邀请前夏威夷小姐、著名的生活博主以及在当地很有声望的冲浪者、摄影师等担任夏威夷大使。

此次活动获得了极高的关注度。活动启动后的几个月内，近10万篇帖子使用了该标签，包括用户生成内容与“照片墙”上的广告帖子。通过各种社交媒体与付费渠道，这项活动的影响范围覆盖到一半以上的美国游客，有三分之二以上的人计划在即将到来的假期前往夏威夷群岛旅游。

影响者的评估要素

影响者营销机构Activate做过一项影响者营销现状研究该研究显示了一些营销人员在识别影响者时所关注的重要指标。大部分接受调查的营销人员会特别关注以下五个方面：

（1）内容质量：包括内容的真实性、相关度与发布频率。

（2）互动率：确保内容能够以期望的方式获得响应。

（3）受众的特征：包括受众的相关性、规模以及对社交媒体的选择。

（4）已有的品牌亲和力：影响者是否已经在自己的照片中标记了你的品牌，或者在社交媒体上谈论过你的品牌？

（5）过去合作过的品牌：影响者是否已经与类似的品牌合作过并接受了类似品牌的审查？影响者过去发的帖子是否取得了成功？

审查影响者的方法有很多，上述五个方面仅作为参考。如果采用与其他活动相同的方法，可能会出现失误。因为与影响者合作必然具有一定的有机性。

除了上述五个方面，我建议我的客户在选择影响者时，还应考虑以下四点因素：

（1）相关性：影响者的内容相关性是否与你的群体匹配？请记住，如果一个女性健身达人的关注者以男性为主，即使她发布的图片与女性服装品牌相匹配，这样的影响者也不符合品牌的需求。

（2）搜索引擎优化或病毒式价值：如果你在谷歌或“油管”上

进行搜索，这篇帖子会出现在结果中吗？首次发布之后，这篇内容还有生命力吗？此外，内容出现在某个社交网络（如“照片墙”）搜索结果中的位置也值得考虑。

（3）个性：影响者的个性是否符合你的企业形象？是否符合品牌传递出的信息？有哪些值得注意的危险信号？

（4）广告频率：如果影响者的帖子都带着“广告”的标记，那么你与他的合作能有多少真实的参与度，这一点很令人生疑。

品牌希望从自己与影响者的关系中获得什么，这一点因品牌而异。你对不同影响者的需求有所不同，或者随着时间推移，你的计划重点也随之变化，这些都有可能使品牌对影响者关系产生不一样的期待。因此，你必须重视审核的每一个要点，必须针对自己的需求确定重要的元素或细节。对品牌来说，相关性与受众可能比已经建立起的品牌亲和力更加重要。或者，为了建立一段长期的关系，你最看重的是影响者的个性与匹配度。为每一个指标打出你自己的加权分数，就像在进行一场社交媒体审计。

缩小了潜在影响者的范围之后，你必须回归到一个基本问题上，即如果影响者分享了你的信息，这个信息是否与他的社群匹配？能否引发社群的共鸣？这是问题的核心，在进一步行动之前，在与影响者步入“婚姻”之前，必须搞清楚这个问题。如果你想与影响者合作，但他们没有发布你希望他们发布的内容，那么你的信息可能无法在他们的社群中引发共鸣。你的信息不会产生任何影响，而这是一个关键的衡量指标。如果影响者发布了与你的品牌相关的信息后，收到了这样的评论："你的照片看起来就是赤裸裸的广告"，那么你肯定不希望与这样的影响者合作。当然，大多数用户即使看出了赞助内容，也不会花精力留下这样的评论，他们根本不会与这样的内容互动，这就会降低内容的整体参与度。

有了一定数量的备选影响者之后，你就有了建立关系的基础。找到了这些影响者，你就可以与一系列影响者探讨基本问题，确定哪些影响者能够满足你的合作需求。如果这些影响者分享了你的内容，其中哪些影响者能够引发关注者的最大共鸣？哪些影响者希望你参与到对话中，并以头脑风暴的方式与你建立互利的关系？

至少每个季度或每六个月审查一次影响者，这是一种明智的做法。不一定每一次都深入研究，但重点是掌握新出现的影响者与发生了变化的影响者。有些工具具有嵌入功能，能够让你随时了解最新情况，把握不断变化的形势。

第十二章

建立并管理影响者关系

完成甄选过程后，你对一些影响者产生了合作意向。我们将着手与这些影响者建立关系，关注这些影响者。

和销售一样，与影响者建立关系也是一种概率事件。你想合作的人未必愿意与你合作，你接触的影响者未必适合你。有时也许出于某种原因，导致合作的时机不够成熟。在你选择的影响者中，有些影响者可以转化为品牌拥护者，有些则不能。

发送社交信号

首先你需要向影响者证明自己：你知道他们在做什么，而且你也参与其中，这有点像约会。最后你要与影响者接洽，衡量双方的利益，这是第一次接触。第一印象很重要。

社交信号是指你在社交媒体上所做出的某种行为，这种行为会使你的名字出现在合作对象所接收的通知中。你可以关注对方的账号，为他的内容点赞，发表深刻的评论，或者转发他的图片。影响者会关注来自社群的互动，因此如果想和影响者合作，也需要让对方注意到你。

并不是所有人都会回应你的互动，但如果有影响者做出了回应，那么他们就是你在下一阶段需要通过电子邮件或其他方式进行联系的人。这些影响者未必都愿意与你的品牌合作。在协商合作条款时，会有一部分人与你的意见不一致。作为一个品牌，你自己的相关性与影响力也会带来优势：如果可以选择，影响者也希望与知名品牌合作。这样能够提升影响者的可信度，与大品牌合作的经历也可以丰富他们自己的简历。如果你的品牌是一个小品牌，那么可以合作的影响者数量可能较少，需要采取的方法也不同。对于较小的品牌来说，已经建立的品牌亲和力能够发挥重要作用。从多个方面来看，建立品牌的影响力至关重要，它能帮助你缩短做介绍的时间（第四部分将深入探讨该问题）。

与影响者建立关系并将他们转化为品牌拥护者的过程可以归结为八个步骤（见图12-1）。这是一条建立合作的通道。

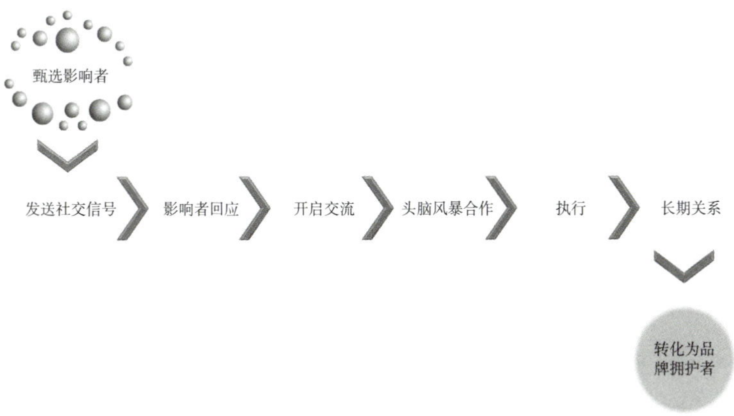

图12-1 影响者合作通道

有时候，你可以借助某种方法来确定最合适的影响者。有时候，甚至你自己就可以确定，你与影响者彼此不合适，因此无须进一步深入，这并非坏事。为什么要继续和需求不同的人合作？你应该将精力转移到别处。

（1）甄选：这是第十一章的主要内容。这个过程是指寻找你希望合作的影响者。

（2）发送社交信号：像社交媒体的用户那样，利用社交媒体与影响者取得联系，发送社交信号。

（3）影响者回应：这个阶段取决于影响者。通过媒体与影响者取得联系后，他们会关注你、向你发表评论，或者通过其他回应方式，证明他们对你的品牌感兴趣。

（4）开启交流：在这个阶段，你可以与影响者交流，正式讨论合作细节，并开始合作。这就像你与某个人的第一次约会。许多品牌可能会跳过“联系与回应”阶段，筛选出潜在影响者之后直接进入交流阶段，但是采取额外的步骤更有利于合作成功，同时帮助你过滤掉一开始可能不想与你合作的影响者。

（5）头脑风暴合作：和其他关系一样，在与影响者合作的过程中也需要确定双方能否实现互惠互利，合作关系能否继续推进。此时，双方要统一需求，开启“正式的”合作关系。

（6）执行：影响者按照商定的计划采取行动。虽然到了这个时候，你有大量的工作要做，但你必须确认影响者是否履行了承诺，特别是在涉及商业约定的情况下。信不信由你，已经出现了影响者未按约定行动而导致的诉讼。[1]

（7）长期关系：第一次活动之后，你需要为未来打算。是否有可能进一步合作？你们可以以哪种方式再次合作？你们需要讨论下一步发展的细节。

（8）转化为品牌拥护者：建立了长期关系之后，你可以将这种关系转变为品牌拥护。如果在合约没有要求的情况下，影响者也会谈论或推荐你的品牌，说明影响者已经成了品牌拥护者。

这个过程需要一定的时间，未必能够直截了当地完成。在市场营销的其他模型或框架中，通常每一步都有一个时间框架，且每一步完成时都有一个标志。但这不适用于和影响者建立关系。你在与真实的人建立关系，因此不能像其他营销形式那样提要求，也不能将影响者当成数字内容创作机器。与影响者的合作需要时间，但结果会令人难忘。

案例 •

健康食品与健康生活方式品牌健安喜

在社交媒体上，交流不只限于“照片墙”，随处都可以进行。

健安喜公司（General Nutrition Center）研究了与影响者合作的方式，意识到社交媒体对开放交流的作用。[2]作为一个健康食品与健康生活方式的品牌，健安喜发现，自己并未吸引所有的目标群体。有一小部分客户在网络论坛中十分活跃，但品牌活动没有覆盖到这些论坛。只有亲自与每个利基市场的影响者交流，吸引他们的注意，才能开启对话。

品牌意识到，很多人刚刚接触健康与健身时，往往会在这些论坛上寻找答案。但是，许多建议中的行话和语气对新手并不友好，而且真正有用的信息也不多。健安喜与影响者合作，鼓励进行内容更加丰富的讨论。此次活动采用了与影响者合作的传统方法，例如向他们赠送产品，请他们发布产品的使用感受。

同样的方法也可以用于寻找一些小众群体，他们讨论的内容与健安喜的产品相契合，但这些人未必能接触到品牌。其中包括瑜伽与女性健身领域，这些领域往往将健安喜归类为男性健身补充剂，因而不考虑该品牌。

经过几个月的时间，健安喜的影响者营销为其脸书账号带来了超过38.3万名关注者，为推特账号带来了6万多名关注者。品牌还注意到，通过社交媒体网络访问品牌线上商店的流量显著增加。由于效果显著，因此营销活动计划在下一年增加这一层面上的营销活动，以吸引社交媒体用户的自然互动。

影响者为什么与你合作

要了解你能为影响者带来什么，首先需要知道激励影响者的元素有哪些。市场营销服务公司CrowdTap的一项研究表明，除了金钱，高达75%的影响者与品牌合作的动机与受众有关，他们希望为受众提供独特的体验，或者仅仅是因为喜欢该品牌。[3]另一项由自动化营销平台TapInfluence完成的研究发现，当品牌接触影响者时，影响者考虑的首要因素是品牌的核心价值观是否与自己契合，只有11%的影响者表示品牌支付的报酬是最重要的因素。[4]他们可能希望为社群争取特别的产品或折扣。也许影响者希望你能通过自己的渠道为他们引流。也许你有能力开启一扇大门，帮助影响者推销自己。也许影响者希望提高自己的频道与社交媒体的流量。在筛选影响者阶段，你需要进行一定的调查，确保你的品牌适合影响者的受众。有趣的是，在CrowdTap的研究中，排名第三的常见动机（即影响者喜欢品牌）证明，如果影响者已经与品牌建立起了密切关系，将有助于推动合作，这是你在筛选影响者时需要考虑的另一个因素。

以互联网产业新闻、分析评论为主的科技博客网站VentureBeat进行了另一项研究，结果发现，72%的影响者认为，品牌寻求合作时犯下的最大错误是提供的报酬过低。[5]这是社交名人与非名人影响者之间的常见区别。如果请一位名人在社交媒体上推荐产品或者请他试用产品，你会默认这个过程需要付费。另一方面，你可能会以为，当你接触一个微型影响者时，对方会感到无比荣幸，因此用一张20美元的亚马逊礼品卡作为报酬就足够了。其中的错误就在于，你没有与对方进行必要的交流。

影响者与关注者构成了一个金字塔，顶部是极少数拥有数百万关注者的影响者，位于金字塔底部的影响者数量较多，他们的受众规模也较小。微型影响者的优势在于，他们与受众的互动程度更高。因此对影响者的甄选非常重要。与微型影响者建立关系，你可以在他们发展的过程中与他们保持合作。

影响者营销公司Klear发布了“影响者价目表”，关注者人数在500到500000的影响者收费标准为每条“照片墙”动态收取100美元到507美元。这份价目表可以帮助你了解合作中的财务基准。一些影响者会在自己的网站或主页中列出收费标准。另一个影响者营销公司Shoutcart列出了影响者及其推广的收费标准、发帖条件与帖子的可见时间。你需要将自己支付的社交成本与回报进行对比。在理想情况下，它们是可以互补的。

利用影响者，一些小投资也许就能产生难以置信的价值。我曾受邀参加在拉斯维加斯举行的奥多比峰会，与会人员中有很多影响者。[6]品牌没有向我支付报酬，但他们承担了差旅费。我们有独家访问权，也拿到了一些独家内容，可以在自己的社交网络中进行分享。我们可以采访公司人员，并自主创作内容。我们发布了推特和“照片墙”动态，讲述了这次活动的过程，对此奥多比没有花任何费用。《福布斯》（*Forbes*）的一篇文章透露，九位最知名的影响者使此次峰会的展示量超过2.27亿次。如果换算成广告，假设每千次展示的费用为20美元，那么2.27亿次展示需要花费460万美元。此外，由于发布这些信息的影响者受到具有相同兴趣的受众的信任，因此这些信息的价值也得到了提升，这是仅靠广告或品牌自我宣传所难以达到的效果。影响者知道如何发布信息才能吸引受众的互动，因此在活动期间，奥多比备受好评。这是一次大规模的推广，以较低的支出收获了极大的回报。了解这种潜力是充分利用影响者的关键。

最后，关于预算，你需要考虑不同媒体的需求差异。一篇500字的帖子不同于一篇2000字的帖子。制作一个10秒的视频与制作一个5分钟的视频也不一样。“油管”、脸书与“照片墙”的内容选项对影响者的时间与知识产权都有不同的要求。

建立关系

首先，与甄选出的影响者在他们熟悉的社交网络中进行互动。关注他们，浏览他们发布的内容并进行分享，发表相关的评论。通过这个步骤来试探影响者是否会回应你的关注。这是一个发送社交信号的过程，接下来你需要观察对方接收信号后的反应。

品牌通常不知道自己能与社交媒体上的影响者建立何种程度的关系。产生这种困惑的部分原因在于社交媒体之间存在差异。例如，脸书与领英平台的算法会偏向人而不是品牌，因此在这些平台上很难实现自然互动。又如，“油管”、推特、缤趣与“照片墙”等平台对人和品牌基本一视同仁，这些平台允许不同类型的互动。如果我们不能在脸书页面上关注他人，可以在“照片墙”上建立品牌账号，以便关注别人和影响者。我们可以转发推特上的帖子或者关注推特用户，也可以评论他人发布的文章，我们可以更加积极主动地参与。正是由于这些可能性以及这些平台的运作方式，致使越来越多的品牌开始转向推特或“照片墙”。在B2B的环境中，由于领英对公司页面设置了一定的限制，因此推特成为建立密切关系以及向影响者发送社交信号的重要工具。

此时你必须考虑一个长期计划。提前谋划的好处在于，你设想的问题可能是影响者以后会提问的问题。如果你已经有了对策，那么你就处于优势地位。当你确定了可以在各种情况下开展合作的影响者，就可以开始设定短期目标。你在制订长期计划时所考虑的重点问题将成为你与影响者达成协议的基础，因此提前考虑可以节省时间。

这些重点问题包括：

（1）与你的公司相关的背景信息，包括内部商业战略、为什么制订这个计划以及你为什么想与影响者合作。

（2）可交付的成果，以及在内容或帖子方面，你对此次合作有哪些目标。

（3）行为召唤与其他因素，包括话题标签与链接。

（4）来自影响者的创意元素，包括图片以及你希望影响者发布图片的平台。

（5）时间与频率，例如你希望某些话题标签或图片在什么时间开始传播，你希望影响者每周或每月发布几次相关的帖子。

在与影响者开始交流之前，思考上述问题。这样一来，当影响者表示愿意加入时，你可以迅速采取行动。

案例

美国联邦贸易委员会以及全球其他政府部门已经出台了指导方针，以保护消费者免受误导性内容的影响。该指导方针大致可以归结如下：如果你因为谈及一件产品而获得报酬，那么需遵守有关于背书行为的准则。从2017年9月开始，美国联邦贸易委员会联系了多个品牌与影响者，对他们的内容予以警告。[7]联邦贸易委员会的一般指导方针表明，任何广告帖子或付费内容都应在帖子上（而不是在点击链接上）做出明确标记。任何非广告帖子也应该做出标记。标记必须清晰明显，且不能用“合作”“感谢”“赞助”之类模棱两可的话题标签。全球范围内的法律法规都在不断变化，品牌与影响者也应当确保自己的工作符合法律法规要求。因此，你应该向所在地区的相关委员会核实相关要求。

交流

影响者营销的力量在于影响者沟通的个性化。最初与影响者联系和合作的方式是相同的，影响者都是人。你必须亲自与他们联络。虽然一些工具可以抓取电子邮件地址并群发邮件，但这些邮件往往会被归为垃圾邮件。有些电子邮件的地址还可能是不常用的或者不相关的，这种方式缺乏个性化。在影响者对你的最初互动做出回应后，你可以通过查看对方主页，寻找联络方式，与影响者建立关系。影响者可能在社交媒体主页上留下了联系信息以及他们首选的互动方式。作为影响者，他们也希望品牌与自己联系。

你发送的信息必须是个性化的。有许多工具可以帮助你通过电子邮件或其他方式，在短时间内与许多人建立联系。但是，为了获得影响者的支持，你必须另辟蹊径，每一次联系都要投入时间。你与影响者联系，是因为你认为他们对公司的未来具有重要作用。因此有必要花时间向每一个影响者传递个性化的信息。

多家不同的公司可能会同时联系一个影响者。影响者这一身份的性质就是如此。因此，你需要遵循影响者在“照片墙”等社交媒体的主页或网站上列出的联络建议。如果你已经在社交媒体上与对方取得了一定的联系，并发送了社交信号，可以继续通过电子邮件跟进。如果你能够按照影响者所要求的方式进行沟通，能够使沟通变得更容易，他们也更愿意回复你的信息。

如果影响者希望你通过特定的社交媒体向他们发送私信与他们联系，那么你应该采用对话的形式，直接切中要害。比如发送这样的私信：“尼尔，我们非常欣赏您的内容，希望与您合作。如果您有兴趣，请告诉我们一个可以与您联系的电子邮件地址或电话号码。”这种私信适用于较短的对话，因此它可能是你与影响者开启交流的最佳工具。不必想太多，像一般用户那样简单明了地表达即可。

即使你通过影响者的回复或社交媒体主页得到了影响者的电子邮件地址，要通过电子邮件与对方联系也会面临巨大的挑战，因为你要与影响者收到的其他电子邮件争夺他的注意力。首先，一个清晰的主题是吸引他打开邮件的关键。你可能需要进行一些尝试，但是邮件主题必须具有个性化。

发送给影响者的电子邮件必须有清晰的目标和有关该影响者的针对性内容。你需要解释自己通过哪种方式找到了他，以及为什么与他联系。电子邮件必须对该影响者的工作表达真挚的赞扬与尊重，内容必须真实。基于前期的工作，该影响者已经知道你的品牌点赞或分享了他的内容。用这封电子邮件跟进，确保你所表达的赞扬是真实的。为什么他的某些帖子引起了品牌的共鸣？列举几条你认为具有启发性或对品牌有文化亲和力的具体内容。在甄选影响者的过程中，你非常看重这几个方面，正是它们让该影响者脱颖而出，因此你的手头应该有现成的例子。

找到联系彼此的共同点，这是进行个性化沟通的另一种方式。通过影响者的主页，寻找你们共同的朋友或同事。也许你在一个影响者的领英主页中发现他曾就读于你的母校。影响者营销是一种合作，因此与其他商务合作一样，你需要强调双方的共同点。尽早花时间设计针对影响者的个性化信息，你将在日后受益无穷。

强调你能为对方提供的价值，可以激发对方的兴趣。你们的合作能给影响者带来哪些好处？向影响者说明并强调这些好处，同时展示你的业绩记录，以及过去与其他影响者的合作情况。这是一种销售，也是一种合作提议。向对方表达你对这一点的理解，可以充分证明你知道自己在做什么。让影响者看到，你知道如何与影响者合作，可以激发对方的信任，推动合作进入下一个环节，即回复你的邮件。明确说明下一步计划，可以让他们更容易做出回答。也许你希望与对方通电话，也许你希望与对方通过“讯佳普”（Skype）平台交流或希望对方回复电子邮件，无论是什么，你都需要写清楚。

这里有一个信函的示范文本，其内容短小且具有个性化，我认为它足以充分利用电子邮件展开合作讨论。如果你还没有类似的模板，可以根据自己的需要对该文本进行个性化调整。

亲爱的影响者：

我们（品牌名）一直在寻找合适的影响者，希望开展长期合作，这是我们正在实施的新计划的一部分。我们在各个平台都看到了您创作的内容。您的博客文章/图片/视频，例如______和______，引发了我们的共鸣，我们也在自己的社群中分享了您的内容。

我们希望与您合作并与您的社群建立更加深入的关系。我们知道您工作繁忙，也可能已经与其他品牌进行过合作了，但我们相信，我们双方可以建立一种互惠互利的关系，帮助您进一步实现目标：教育/娱乐/激励您的社群。

我们希望能够在您方便的时候进行电话交流，讨论合作细节。期待您的回复。

敬启

影响者关系经理

尼尔·谢弗

开头的介绍应该采用正式的语气。你要建立一种业务关系，非正式的口语化表达可能不合时宜（但这取决于影响者或你的品牌风格与目标群体）。你注意到影响者的内容，指出与品牌共鸣的内容及原因。帮助影响者满足其社群的需要，以此证明你了解对方的目标。这封信表明，你们双方的需求是一致的，并提出了一个问题：我们如何开展合作？在通过电子邮件联系影响者之前，如果你已经与他们进行了大量的线上互动，收到对方正面回复的可能性会大大提高。在你提出要求之前，你们之间的关系在某种程度上已经开始了。

利用影响者的创造力

在影响者营销中，有一个经常被忽视的因素，那就是给影响者空间，让他们发挥自己的创造力。作为品牌方，你很容易对品牌信息与品牌形象产生占有欲，但放手是与影响者合作的基础。为了让影响者尽可能有效地传递你的信息，你必须信任他们，让他们去和各自的社群进行沟通。

很多品牌在与影响者合作时设置了过多的限制。TapInfluence的一项研究发现，40%的影响者认为自己没有获得应有的创作自由。[8]为了进一步说明这一点，CrowdTap进行了一项研究，发现50%的影响者在与品牌合作时最看重自己能否得到创作自由。[9]创作自由能够让影响者有机会向广大受众分享信息、图像，以及其他各种素材，这是必不可少的条件。

在我作为影响者参与的工作中，有一家机构曾与我联络，他们的需求非常具体。该机构要开展一项宣传活动，需要我提及一部即将上映的但与产品无关的电影，同时对“照片墙”故事的长度、照片拍摄的地点与其他提及品牌名称的方式做出了具体的要求。该机构给出的大纲读起来就像一篇付费的社交媒体帖子，看不出对我本人及此次合作关系的信任。只要阅读一下他们的任务简介，就能看出这些限制会让我失去与品牌合作的所有乐趣与创造力。在这些限制下所创作的内容也会缺乏真实性，难以吸引受众，降低受众的参与度，同时损害广告赞助商的品牌形象。

诚然，一些微型影响者可能会接受这样的合作。如果他们接受了，很可能无法实现长期的合作。在我看来，这份简介看起来像群发邮件，品牌试图利用极少的时间就建立起大量的合作关系。这正是你要力求避免的做法，这种方式的影响者营销往往偏爱短期的付费社交媒体帖子。它既没有建立关系，也没有建立合作。这种方式忽略了你希望与该影响者合作的原因，他们的声音以及他们的内容风格，只是一门心思地想接触他们的受众。最后，哪怕你能开展合作，也只能是一段低水平的短期合作。

有些品牌喜欢为影响者提供一份文案，让他们复制到自己的帖子中发布，有些影响者也会接受这种安排。但是，如果在未进行沟通的情况下就认为影响者会接受这种安排，特别是那些喜欢自主创作的影响者，那么你会成为不受欢迎的对象，错失你苦心营造的机会。与影响者合作意味着要利用他们的创造力，你需要确保双方能够就内容进行对话，而不是简单地复制粘贴。最好的方式是让影响者自由发挥，帮助品牌从他们的社群中获得最充分、最真实的互动。这不就是影响者营销的主旨吗？

在这个过程中也偶尔会出现差错。2017年美国职业篮球联赛的选秀状元马克尔·富尔茨（Markelle Fultz）在“照片墙”上发帖时，忘了对天梭公司（Tissot）的付费帖子进行编辑，直接发布：“很高兴前往（城市名）加入（球队名）。在@美国天梭公司的帮助下，我将戴着（球队名）手表开启征程。”[10]也许这不是什么严重的错误，在被球队选中的兴奋状态下，这样的错误可能会被忽略，但它会造成很多后果。我们应该从中吸取教训，然而2018年，美国职业篮球联赛选秀状元德安德烈·艾顿（DeAndre Ayton）重蹈覆辙，在他被选中后也发布了未经编辑的赞助帖子。[11]

品牌与影响者达成协议后，影响者就开始发帖，但这项工作还没结束。你需要检查帖子，看看影响者如何使用你的信息。你可能对如何重新组织自己的帖子有一些想法。你可以分享帖子、宣传帖子，并给予反馈。宣传一个影响者创作的有关你的品牌的帖子，比宣传你自己的帖子更加有效果，即使帖子的内容相同。影响者可能希望有额外的曝光。告诉影响者，你会为这篇帖子点赞，加入一些溢美之词，有利于巩固和发展合作关系。影响者也是人，我们都喜欢正面反馈。

如果你有权重复使用影响者的内容，别忘了针对你的免费社交媒体甚至网络平台来调整内容的用途。Activate的影响者营销现状研究发现，超过75%的受访营销人员每个季度至少会重复使用几次影响者创作的内容，这也不足为奇。

从某种程度上来说，你可以将影响者视为客户，采用与客户关系管理策略相似的方法，思考如何将影响者纳入营销计划中。说不定对方也正有此意，这正是建立长期合作的基础。你们互相信任，对彼此感兴趣，才能有助于实现彼此的目标。随着时间的推移，持续的关系管理将为你带来很多好处。

第十三章

影响者营销工具

社交媒体处于不断变化之中。一切都在飞速变化，以至于讨论社交媒体工具都是一种挑战。在我的著作、文章与演讲中，我总是试图讨论有关工具的概念，而不是具体的技术和细节。技术和细节，以及提供这些工具的公司总是在变化。我可以列举出在过去十年里消失的工具与公司，也能列举出同样数量的幸存下来的工具与公司。但是，这些工具背后的基本概念并未发生变化。

我将重点放在工具的概念上，因为有些工具可能效率低下或难以理解。下面列举的例子涵盖了影响者营销工具的几个主要类别：分析工具、市场类工具、代理机构与搜索引擎。数据与工具的数量庞大。我所列举的这些工具可以帮助你找到正确的方向，为你提供一个良好的开端。

工具的作用

甄选影响者的过程可能需要大量数据。要收集的数据量极为庞大，同时解释数据的方法也多如牛毛，因此这个过程几乎不可能完全依靠人工完成。这就需要工具来发挥作用。营销人员喜欢工具。工具能够扩展商业计划：人→流程→工具。

我是社交媒体相关工具的“传播者”，因此我曾与别人共同组织了一场名为“社交工具峰会”的活动，讨论技术如何在社交媒体营销的各个方面发挥作用。峰会探讨了如何用技术解决社交媒体营销的相关问题。我更加坚信，工具不会也不能取代流程。先设计一个完善的流程，然后寻找有助于高效、准确实施该流程的工具。

影响者营销已日渐成熟，因此也出现了一种足以帮助你应对几乎所有影响者相关变化的工具。最新的营销人员调查显示，如何衡量影响者营销的投资回报率是当前的最大挑战，但确定合适的影响者同样不是一项简单的任务。事实上，意大利影响力营销机构Mediakix发布的《影响者营销行业基准报告》（*Influencer Marketing Industry Benchmarks Report*）显示，61%的营销人员认为，为一项宣传活动寻找最合适的影响者仍然是一项困难的任务。除了在衡量投资回报率或筛选影响者等方面提供帮助，工具还可以帮助我们争取影响者的支持、维持与影响者的沟通、向影响者付费以及追踪关键业绩指标。

如果一个工具或平台具备上述所有功能，包括以你的名义向影响者支付报酬，那么从逻辑上来说，影响者也会使用这样的工具或平台。所有的工具都有不同的影响者数据库，它们以不同的方式搜集影响者。有些工具会充当市场的角色，你只能选择性加入。这种方式十分便利，但与其他工具相比，你只能接触一定数量的影响者，以及其他搜索引擎可以显示的内容。有些工具无法让你向影响者付费或管理影响者关系，但这些工具可以帮你进行沟通或追踪支出或投资回报率。你需要确定哪种工具更适合，哪些工作要通过人工方式完成。

能够帮助我们甄选影响者并管理影响者关系的工具也能在市场竞争中发挥作用，其中许多工具都对影响者开放，影响者可以选择性加入。这再一次说明，通过这些工具你只能接触到部分影响者。尽管如此，很多品牌与机构仍然认可这些工具的便利性，因为它们能够方便快捷地找到影响者并与之合作开展活动。

案例

在线购物网站jClub

作为一家初创企业，让人们在互联网公司的汪洋大海中注意到你，这绝对是一大难关。如果你的企业有一个品牌，想要在市场中脱颖而出并建立声誉绝非易事。有没有可能迅速建立良好的声誉？如何与影响者合作并提高品牌的知名度？

在线购物网站jClub计划传播有关新店的消息，于是他们选择了影响者营销。目标是与大约30位博客作者合作，提高品牌知名度与产品销量。通过与影响者合作，品牌希望产生大量的线上素材，这些素材将在未来吸引客户前往商店。在这种情况下，jClub设置了固定的方式，请博客作者描述品牌并进行推广。

借助影响者平台Dealspotr，jClub与33位影响者合作，他们共创作了99篇内容，包括31篇有针对性的博客文章、26篇脸书帖子、31篇推特文章和2个“油管”视频等。[1]品牌为这些影响者提供了其受众可用的折扣码，进一步激励博客作者的参与。

> 此次活动的回报令人印象深刻。jClub在33位影响者身上共花费了2923美元，在活动管理上投入了7.5小时，最后完成了378次销售，获得总利润1.6万美元。投资回报率高达550%。

最后一类工具是搜索引擎，也是真正意义上的开放性工具。你需要在搜索引擎上投入更多时间，包括自己动手过滤和搜索数据。同样地，你必须了解每一种搜索引擎能够提供什么。人才机构、市场营销机构与市场类工具所针对的范围不同。一些机构或搜索引擎会将关注者数量达到1万名的账户标记为影响者，但有些关注者数量在5000左右的微型影响者更有影响力且更加符合品牌的需求。每个数据库的范围有所不同，因此你必须明确自己的目标与需求。

有一些机构或市场有筛选程序，但只有在使用不含“选择性加入”方法的搜索引擎和工具时，才能充分利用筛选程序。这些工具的筛选程序不同，功能也有所差异。因此第一步是了解工具的功能，确定哪些方法是可行的。

以下是大部分影响者搜索引擎所能提供的筛选指标示例：

（1）受众规模：这是一个公认的筛选指标，我们在挑选影响者时可能会首先想到这一指标。

（2）互动率：这是衡量影响者的受众中有多少人真正关注并参与的重要指标。

（3）影响范围：这是对受众的进一步阐释，体现了影响者的潜在展示量是多少，而不仅仅是受众规模。

（4）放大：衡量影响者的内容通过社交网络获得分享与放大的

频率。

（5）社交网络：影响者发挥作用的网络。

（6）关联度：不同的工具会用不同的指标来衡量影响者的关联度，包括影响者所在的领域主题或有关该影响者的其他方面。

除了这些常见的筛选指标，我还发现，下列指标在筛选影响者的过程中同样至关重要。

（7）受众的群体特征：影响者的受众由哪些人构成？需要根据常见的人口特征进行归类，包括所在国家和城市、语言、年龄、真实性、受教育程度、收入水平等。当你看到被筛选出的信息时，其数量之多和内容之详尽可能会令人害怕。其他细节，例如兴趣、话题标签、类别与提及的内容也是重要的筛选指标。

（8）类似者：这是一个寻找影响者的有效方式。有些工具可以帮助你找到所需的影响者，然后会说："如果你对这些影响者感兴趣，那么你也许对另一些影响者也感兴趣，他们的受众相同。"与相似的影响者合作可以有效拓展你的计划，还可能帮助你接触到自己没有发现的相关影响者。

Hypr是一个影响者搜索引擎，包含社交媒体账户的相关信息，并创建一个匿名主页，链接类似的账户。该工具会追踪数据库中超过10亿个账户的社交互动，每个月监测超过1000亿次的互动。通过这些数据可以确定哪些账户能够引发大量互动，并针对相关背景进行衡量。例如，Hypr给出的结果中，整体上，与国际象棋大师加里·卡斯帕罗夫（Garry Kasparov）相比，贾斯汀·比伯能够引发更多的互动量。但在国际象棋领域，卡斯帕罗夫能够引发更多的互动量，因此他与该领域的受众或话题的关联度更高。

用于统计和追踪投资回报的工具也可以追踪内容，报告关键绩效指标；获得一次点赞、评论或点击的成本；对重定向或短链接的衡量；按日期追踪话题标签以及其他指标。工具收集数据的方式多种多样，同样地，衡量活动是否成功的方式也不止一种。

这里只对各类工具进行概述，以便了解从哪里开始寻找能帮你搜集影响者、与影响者合作并管理影响者关系的工具。这不是一个全面的清单，随着时间的推移会出现很多变化，例如名称变更、初创公司失败或改变业务模式等。

值得注意的是，虽然我已经尽力对工具进行了区分，但实际上工具之间仍然存在交集。例如，Hootsuite最初是一家代理机构，开发了自己的社交媒体仪表板，后来该机构开始向其他公司提供技术，这成为为该机构的主要业务。如今，一些影响者营销机构已经开发了自己的工具，并提供给非代理型客户使用。同样，一些用于寻找影响者的工具也会提供代理机构的服务。我尝试将重点放在各家公司的主要优势上，但请记住，每一个类别中都存在重叠的部分。

社会化聆听工具

这类工具旨在发现谁在讨论你或你的竞争对手，涵盖了主题、标签，并能找出发帖的人。这些工具会监测品牌声誉。表13-1列出的几个工具虽然专业领域不同，但都是有良好声誉的行业领导者。

表13-1　社会化聆听工具示例

工具名	网址
Awario	awario.com
Brand24	brand24.com
Brandwatch	brandwatch.com
Digimind	digimind.com
Meltwater	meltwater.com
Mention	mention.com
Netbase	netbase.com
Sprinklr	sprinklr.com

针对博客作者的工具

在社交媒体成熟之前，博客是网络影响力的原始来源。如今博客作者的影响力依然不减。如果你重点关注博客作者，不考虑社交媒体，那么你需要专门的工具。表13-2工具的侧重点都是博客作者。

表13-2　针对博客作者的工具示例

工具名	网址
BuzzStream	buzzstream.com
Ontolo	ontolo.com
PitchBox	pitchbox.com

传统的影响者发现工具

博客之后，网络影响力的演化转移至社交媒体。在社交媒体视觉化之前，表13-3中的三种工具就已经出现了。它们在社交媒体方面拥有悠久的历史和丰富的经验。这些工具的功能多样，并且具备丰富的理论基础。三者彼此存在差异，使用的算法也不一样。它们可能更擅长B2B方面的合作，但肯定不只限于B2B。

表13-3　传统的影响者发现工具示例

工具名	网址
Klear	klear.com
Onalytica	onalytica.com
Traackr	traackr.com

影响者发现工具

影响者发现工具的开发者认为，很大一部分社交媒体预算都将用于视觉媒体，它们的侧重点也是视觉媒体，但每个工具的角度不同。见表13-4，这些工具均以“照片墙”为中心，也具有其他实用的功能。它们与接下来要讲的影响者市场的区别在于，前者不以选择性加入平台的影响者为基础。相反，这些工具的重点是开发技术，帮助你更加轻松地筛选数百万名用户的主页，寻找最合适的影响者。

表13-4　影响者发现工具示例

工具名	网址
Grin	grin.co
Hypr	hyprbrands.com
Mavrck	mavrck.co
Open Influence	openinfluence.com
Scrunch	scrunch.com
Cision	cision.com
Upfluence	upfluence.com

影响者市场

如前所述，影响者市场通常包括选择性加入这些平台的影响者。借助这些工具能找到的影响者或许数量有限，但工具可以为你提供便利，并且在影响者注册之前就完成了对他们的审查。这些工具可以帮助你在整个平台上搜寻、确定目标对象，通常也能帮助你处理付款问题。同样地，它们的侧重点不同，与影响者建立联系的方法也不同（见表13-5）。Shoutcart完全针对“照片墙”上的“呐喊”。Expert Voice是另一个有趣的平台，它所列出的影响者都是小众领域的专家。他们通常在某种零售行业内勤奋工作，有专业知识，可以帮助人们挑选适合其自身情况的滑雪设备、露营装备或绘画用品等。这些影响者通常都有自己的博客。

表13-5　影响者市场工具示例

工具名	网址
Expert Voice	expertvoice.com
Influence.co	influence.co
Intellifluence	intellifluence.com
IZEA	izea.com
Linqia	linqia.com
Shoutcart	shoutcart.com
SocialPubli	socialpubli.com
TapInfluence	tapinfluence.com
Tomoson	tomoson.com

案例 •

Health-Ade康普茶[1]

越来越多的企业开始寻求影响者合作，而影响者也逐渐让自己成了公众人物，那么品牌怎样才能知道自己要从一个影响者身上寻求什么？品牌如何识别影响者能够带来什么？如果影响者的关注者中没有机器人账号，全是真正的粉丝，这样的影响者能够带来什么？

① 康普茶是一种发酵、微泡的甜茶。——译者注

当你筛选出希望合作的影响者后，制定付款条件与合作条款仍然是一个耗时的工作。与影响者建立关系并管理合作关系，特别是当沟通在线上进行时，可能会遇到很多困难。

越来越多的工具可以解决这一问题。这些工具（应用程序与公司）是帮助品牌处理与影响者合作过程中的一般细节的平台和中间人。Health-Ade康普茶在寻找影响者合作时也面临这些问题。但是，品牌没有逐一与影响者接触，而是利用工具Trend与影响者联系。

Trend是一个为品牌与影响者奠定合作基础的市场类工具。在列出影响者之前，Trend会确保影响者的资质与关注者都是合法的。品牌可以根据自身需求，提出对互动的预期。当一个品牌与影响者彼此欣赏的时候，他们就可以通过应用程序直接交流。这是品牌与影响者之间的火种。

在Health-Ade康普茶的案例中，品牌确定了互动的形式，并利用Trend与美国各地的影响者联系，但并未急于对影响者进行筛选。影响者收到了试用产品，并以自己的方式使用Health-Ade康普茶，一些人用该产品进行烹饪，另一些人将其制成鸡尾酒或者将该产品加入自己的健身方案中。结果，影响者们以其独有的视角贡献了135张高质量的图片，在“照片墙”上的互动量达到1.5万次。该活动提高了Health-Ade康普茶的知名度，使其成为美国知名的康普茶品牌之一。

品牌借助Trend，检查并批准发帖的内容，保持了对影响者帖子的掌控。同时品牌也精准地找到了最能代表品牌精神、形象与目标群体的影响者。品牌还可以下载影响者创作的内容，以用于其他营销材料。与影响者互动所产生的这些正面影响使整个合作过程变得十分流畅。

影响者营销机构

尽管机构本身不属于工具，但它能够在影响者营销的每一个阶段提供大量帮助。上文提到的一些工具也有咨询或代理分支机构，能够为你提供帮助。表13-6列出的10个机构是我通过亲身实践和研究而发现的代理机构中的佼佼者。其中很多机构本身创造了大量内容，包括博客文章等，阐述了它们对于影响者营销的见解，以证明机构在该领域的专业性。

表13-6　影响者营销机构示例

工具名	网址
360i	360i.com
Acorn	acorninfluence.com
Clever	realclever.com
Collectively	collectivelyinc.com
Influence Central	influence-central.com
Mediakix	mediakix.com
The Cirqle	thecirqle.com
Obviously	obvious.ly

续表

工具名	网址
VaynerMedia	vaynermedia.com
Viral Nation	viralnation.com

其他工具

其他工具无法归于上述任何一类，但也非常有用。总体来说，它们可以全方位地查看各种细节，从分析虚假影响力到发现内容创作中的影响力，再到帮助你对影响者的用户生成内容进行内容策展（见表13-7）。

表13-7　其他工具示例

工具名	网址
BuzzSumo	buzzsumo.com
FollowerWonk	followerwonk.com
HypeAuditor	hypeauditor.com
Launchmetrics	launchmetrics.com
Nimble	nimble.com
Perlu	perlu.com
Pixlee	pixlee.com
Right Relevance	rightrelevance.com
Socialix	socialix.com

除了上述推荐，如果你刚开始研究，只想找一个企业级的影响者营销工具列表，那么技术和市场研究公司Forrester已经发布了针对一流影响者营销方案的报告，报告中提到的工具有Ahalogy、AspireIQ、Collective Bias、Influential、IZEA、Klear、Launchmetrics、Linqia、Mavrck、Octoly和Traackr。[2]

使用这些工具是为了理解技术与流程。必须强调的是，一开始不要使用工具。工具旨在帮助你完成正在做的事情，并最大限度地完善你正在实施的流程。工具只能起辅助作用，如果一开始就使用工具，你很可能会走弯路。你会看到很多尚未决定如何使用或不知道如何操作与理解才能优化流程的数据点。流程开始后，你才能知道自己需要哪些数据来优化流程，需要使用哪些工具。这些工具功能强大，可以提供大量数据。因此你必须知道自己需要哪些数据，以及如何处理这些数据。如果你被数据淹没，或者在设计影响者营销策略时尚未明确自己的首要目标，那么你将迷失方向。工具只能为你的工作提供帮助，它不能代替你工作。

第十四章

衡量影响者营销的投资回报率

制订策略并筛选出希望合作的影响者后，你就可以开始实施计划了，这时你需要仔细评估形势。衡量回报非常重要，从某种程度上来说，这是整个过程中最重要的环节。如果不能证明投资的收益和回报，影响者营销预算的价值就无法确定，也无法决定是否继续实施影响者营销策略。这是一个不争的事实。从另一个角度来说，如果不能衡量你所做的事情是否成功，就无法完善流程。在考虑投资回报的大小与关键绩效指标的处理时，你可以利用戴明环，调整你正在做的事，以完善流程，获得最大的投资回报。

即使你没有为影响者支付金钱报酬，也有赠送产品的成本和时间成本，必须正确衡量这种投资所带来的回报。但是，如何衡量像影响者营销这样不稳定的活动呢？早在2010年，一些公司就开始研究如何衡量社交媒体的回报。尽管这可能并非难事，但仍需要花费精力制订策略。麦肯锡公司提出了“口碑资产”的概念，以此来衡量经过口碑传播的品牌信息对销售量所产生的影响。[1]将这个概念进行扩展，也可以涵盖影响者营销。衡量口碑资产并不能取代对影响者营销回报的衡量，但是它提供了一个基本原理，帮助我们衡量不可衡量的事物。

从本质上来说，口碑资产可以拆解为以下几点。

（1）数量×影响=口碑资产。

（2）信息的数量：简单来说，你发布的信息越多，获得的回报就可能越高。

（3）信息的影响：这一点可以分解成几个因素。第一个因素是网络，影响者在哪里发布内容？是不是一个开放的网络？更重要的是，影响者是否受到信任。第二个因素是谁在发布内容？他的影响力有多大？第三个因素是影响者发布的内容是什么？与你的品牌有多大的关联度？最后一个因素是触发器。如果影响者发布的内容是他们对产品的体验，那么这种真实讲述的个人体验比基于传闻的内容更值得投资。

将这些因素加权，然后放入上述公式中，我们就能知道如何衡量社交媒体信息的重要性。如果一个人深受他人信任且具有一定的影响力，那么他发布少量相关信息所带来的回报会远高于全年不间断地向更多受众发布不相干的信息。

2010年，《麦肯锡季刊》（*McKinsey Quarterly*）中有一篇文章提到，苹果公司刚在德国推出苹果手机时，所占口碑数量份额为10%[①]，而处于市场领先地位的智能手机品牌所占口碑数量份额为15%。苹果公司在德国推出苹果手机之前，已在其他国家发行过该产品，于是苹果利用这些信息，使其口碑资产比市场领先品牌高出了30%。推荐苹果手机的影响者数量是推荐市场领先品牌的影响者数量的3倍。考虑到这些因素，很显然，口碑传播与社交媒体传播所贡献

① 表示约有10%的消费者在谈论苹果手机。——译者注

的销量是传统广告的6倍以上。

在影响者营销方面的投资都会产生投资回报率，问题是投资回报率的大小以及衡量方法。与影响者合作传播品牌信息，可以得到更高的展示量与点击率，并吸引更多关注者。其中一些数据点对你而言可能并不重要。在这种情况下，你无须对这些方面进行衡量。最初，你必须确定重要指标以及对这些指标的衡量方法，然后确定这些指标所对应的成本是多少。

在影响者营销的圈子中，常常会引用几个有关影响者营销投资回报率的研究，这些研究在一定程度上表明，对影响者营销投资回报率的研究早已开始。

研究机构Burst Media公布了一项基于48个影响者营销策略的研究，结果发现，投入影响者营销上的每1美元所带来的平均收益是6.85美元。[2]但在不同的行业，这个结果的差异也十分明显。在食品与服装业，每1美元的成本能带来的平均收益为10美元；但在家居与园艺业，每1美元的成本带来的平均收益还不到1美元。如果考虑在付费社交媒体中投放广告的成本、品牌的需求与目标，以及你对影响者营销的期望，那么你的衡量标准将有所不同，投资回报率也会改变。

研究机构Tomoson进行了一项类似的研究，他们调查了150多位影响者，结果发现，花在他们身上的每1美元平均能产生6.5美元的收益，其中70%的影响者至少能产生2美元的收益。[3]13%的影响者每1美元产生的收益高达20美元。从任何程度上来说，这种回报都是惊人的。

影响者营销中心发布的《2019影响者营销基准报告》（*Influencer Marketing Hub Influencer Marketing Benchmark Report for 2019*）显示，影响者营销的投资回报率略有下滑，但数据依然可观。其中，NeoReach研究了2000多个影响者营销活动，计算发现，这些活动中每1美元成本产生的平均收益是5.2美元。

需要衡量哪些指标

我在前文讨论过，明确影响者营销策略的目标至关重要。我认为，为了衡量影响者营销策略是否成功，必须明确目标以及目标与关键绩效指标的关联。每一个关键绩效指标都有需要衡量的元素（见表14-1）。

表14-1　影响者营销计划的关键绩效指标及其元素

关键绩效指标	需要衡量的元素
提高品牌知名度	分享量、展示量、阅读量或观看量
扩大影响范围	展示量、阅读量或观看量
增加互动量	点击量、评论、分享量；展示量、阅读量或观看量
扩大社群	增加关注者
扩大电子邮件地址数据库	增加订阅者
提高网站流量	引荐流量
提高产品知名度	产品被提及的次数、阅读量或观看量等

续表

关键绩效指标	需要衡量的元素
产生潜在客户或带来销售量	流量跟踪
搜索引擎优化	反向链接与排名
广告的投资回报率	每提及一次的成本、一次点击的成本等

明确目标，并明确衡量指标，这是判断影响者营销策略成败的关键，也能让你深入了解如何完善与影响者的下一轮合作，以减少冗余，进一步推动目标的实现。

从本质上来说，收益是最重要的指标。虽然研究机构Tomoson的调查显示，一些营销人员看重点击量与分享量，有时影响者营销项目最初的关键目标就是提高品牌的知名度，但56%的市场营销人员表示，收益才是最重要的指标。如果销售量与收入同时提高，基本可以认为营销计划发挥了作用。这样一来，其他的关键绩效指标可以帮助你完善流程。Mediakix的《2019年影响者营销行业基准报告》（*Influencer Marketing 2019 Industry Benchmarks*）显示，影响者营销策略的首要目标是提高品牌知名度和扩大品牌受众，而不是创造销售量。所有的类别和指标都会对品牌知名度和参与度进行衡量。

如果你看重品牌知名度指标，如展示量、点赞量、评论量、阅读量、观看量、分享量等，你应该已经从付费社交媒体活动的数据或者内部开发的赢得媒体评估中得到了这些指标的具体数值。如果你还没有自己的内部指导方针，Sideqik发布的《定义影响者营销的成功》（*Defining Success in Influencer Marketing*）将为你提供一些有关这些价值的行业指导方针。

衡量成功与否

确定了衡量的标尺之后，必须进行数据收集。第十三章提到的许多工具都涵盖了大量数据点，或者能够为你提供大量数据。此外，也可以利用网站内部分析程序，例如谷歌分析，以及各社交网络所提供的数据进行衡量。它们可以提供大量信息，帮助你分析投资回报。此外，还有公开的社交媒体数据以及我们可以轻松访问的某些数据。分析工具或发布给每个影响者以衡量点击率的唯一统一资源定位器所报告的数据也是非常宝贵的数据来源。

“照片墙”及其母公司脸书都采取了更进一步的措施，允许品牌直接分析来自影响者赞助帖子的指标，品牌也可以向自己的关注者宣传影响者的内容。这为收集数据提供了极大的便利，否则这些数据的整理将是一项极为烦琐的工作。这些措施也使数据更加透明、可信与准确。

工具和平台往往也能收集这些信息，但它们对信息的整理方式不同，操作或归类的方式也不一样，因此你可以根据自身需求，从不同角度进行各种形式的分析。正因如此，这些工具与平台从一开始就截然不同。

这样的工具可以快速准确地为你展示大量数据。如果采用不同的标准来衡量投资回报率，可能会存在局限性，但是工具会根据你的重点呈现出你需要的内容。

何为投资回报

投资回报可以归结为三个问题：

（1）你的目标是什么？

（2）你是否实现了目标？

（3）你为此付出了多大的成本？

找到这三个问题的答案后，你将对自身情况有更加清晰的认识。此时，与其他营销渠道相比，分析影响者营销策略的执行情况也更有意义。正如前文中苹果手机的案例一样，影响者营销是否超越了传统的销售方式？是否弥补了其他营销渠道的不足？影响者营销是否还有其他好处，例如吸引新的关注者，提高品牌知名度或增加对品牌的正面认识？这些都是实施影响者营销可以为品牌带来的好处，但是你要知道其中哪一个好处对宣传活动最为关键，这有助于你明确重点。我们从宏观的角度计算投资回报率，因为没有一个工具可以具备所有功能。并非所有工具都会分析关键绩效指标或目标。但是，这些工具十分强大，足以给出你想知道的答案。

关于投资回报率，你需要注意的另一个重要事项是，投资回报率是相对的。如果影响者营销成为市场营销组合的主流，我们就不能只衡量它的关键绩效指标，还应与组织内部的其他营销类型进行对比。与付费社交媒体相比，你的影响者营销活动效果如何？与传统营销计划相比，影响者营销计划为你带来哪些好处？思考这些问题，探究答案，找到自己所需的信息，从而拓展你的计划或帮助其他营销方式进行优化。SocialPubli近期发布的《影响者营销报告》（*Influencer Marketing Report*）调查了150位数字营销专业人员，他们表示，影响者营销投资回报率高于搜索引擎优化、付费社交媒体、付费搜索或电子邮件营销。

另一个经常被忽视的好处是内容。Mediakix发布的《影响者营销行业基准报告》显示，82%的营销人员表示，他们会在社交媒体或其他广告渠道中重复使用影响者创作的内容，其中31%的营销人员表示，他们一直这么做。内容创作以及影响者在这方面独特的、个性化的方法，对品牌具有强大的吸引力。以Pixlee为例，它是专门获取内容的工具。影响者及用户生成内容构成了一个独特的市场。现在，很多大品牌都热衷于用户生成内容。它带来一种真实的声音，也带来了另一种视角，这是品牌在谈论自己的产品时无法触及的一个视角。无论采用什么样的策略，品牌都不同于人，而用户生成内容可以绕过这些障碍。对于想和影响者合作的品牌来说，能够重复使用影响者的内容，这是一种巨大的激励。因此在与影响者的正式协议中，有必要确保你有权使用影响者的内容。品牌在内容创作中投入大量资金，因此这是另一种既能增加收入，又能降低营销成本的影响者合作方式。

衡量了投资回报率之后，下一步就是将回报最大化。回到第十章，复习“戴明环”的步骤：计划→执行→检查→处理。你可以找到有待改进的地方：或许你想尝试另一种活动类型；或许你想尝试其他媒体，使用故事或视频而不仅仅是照片；或许你想尝试另一种可以改变回报的网络，利用“油管”，或者为了利用更多视觉媒体而将阵地从推特转移到其他地方。替换影响者或优先考虑某些影响者，也是调整计划的好方法。

你的投资回报与宣传活动的优势和劣势都很明显。现在你可以从自己的计划中吸取经验教训，从而在未来取得更优秀的成绩。在这个阶段，你需要删减多余的步骤，提升计划的效率，但影响者营销本身就存在实验性，需要不断尝试，寻找真正有效的方法。其中没有任何硬性规定，不同的品牌实施影响者营销时会看到不同的结果。但是，制订一套策略，明确关键绩效指标，你才能更好地了解自己在影响者市场上的投入获得了多少的回报，利用戴明环，精益求精或持续改进，以不断提高回报。

The Power of Influencers to Elevate Your Brand

THE AGE OF INFLUENCE

第四部分

成为影响者

过去，当我谈论社交媒体的时候，收到的大多数问题都涉及社交媒体策略与投资回报率，或者与我推荐的社交媒体工具有关。后来这些问题逐渐变成了有关影响者营销的问题。几年前，我在与美国南加州大学的一群工商管理学硕士（MBA）在读学生交谈后，问题演变为："我如何成为影响者？"

对于希望将自己的声音与社交媒体平台技能变现的年轻一代来说，成为影响者已成为一种新的趋势。与知名品牌合作的影响者的知名度，与品牌合作的能力，以及他们在金钱上取得成功，都让年轻一代有了"别人能做到，我也能做到"的感觉。但是，成为影响者不只是那些希望展示自己的时尚感、让他人听见自己的声音，或者寻求与品牌合作的青少年才有的想法。在新的数字媒体中，大众化的信息被不断创造并发布，因此企业提升自身的影响力可以带来许多优势。

如果你的企业在业内拥有至高无上的影响力，将会怎样？当企业与影响者都有合作意向时，将会怎样？这对社交媒体和影响力两个方面都有益，既有可衡量的好处，也有无形的好处。

第十五章

企业提高影响力的必要性与方式

社交媒体的兴起使越来越多的人可以传播信息和获取信息，进而使社交媒体中的影响力日益大众化。这一转变的重要性在面对一个群体的时候体现得淋漓尽致，该群体就是那些对传统媒体逐渐丧失信任的人。实际上，美国人对大众传媒的信任度已跌至历史最低水平。[1]

考虑到这些因素，如果品牌忽视了这样的变化或无法适应这样的转变，就可能被市场淘汰。拒绝改变从而导致公司倒闭的例子早已有之。

几十年来，西尔斯（Sears）公司一直是零售业的领军品牌，其邮购目录可谓首屈一指。该目录使西尔斯公司成为邮件订购的先驱，但也导致其难以适应互联网时代。西尔斯丧失了市场地位，过去所拥有的强大影响力也土崩瓦解，最终公司申请了破产。[2]

忽视新途径，只依靠传统方式传播品牌信息，这是极其危险的做法。你会错失大部分受众，随着社交媒体的进一步变化，你又会失去更多受众。随着时间的推移，你失去的就是一代又一代的消费者。与网络上的大多数事物一样，随着社交媒体的发展以及群体特征的变化，这个循环会变得越来越快。消费者会找到其他获取信息的途径，很快你就失去了媒体影响力。

超过三分之二的美国人通过社交媒体获取资讯。[3]这些信息来源已经取代了报纸与电视新闻。近期的一系列事件表明，社交媒体的影响力如此之大，虚假新闻与社交媒体“泡沫”的出现已经影响到民众的投票方式。因此，企业也有必要提升自己在社交媒体上的影响力。在品牌的忠实社群与群体中建立属于该专业领域的影响力，这一点至关重要。

社交媒体参与

几年前，我在伦敦的iStrategy会议上发言，并有幸聆听了推特的英国销售主管布鲁斯·戴斯利（Bruce Daisley）的演讲。他表示，60%的推特用户不发推文。但这个数据并未让推特感到担忧，因为这些用户正通过平台获取信息。事实上，大部分社交媒体的用户都不会创作内容。“油管”的大部分用户不会上传视频。“照片墙”的大部分用户也不会发布照片。

多年来，各平台社交媒体参与度的经验法则通常遵循90–9–1的比例（见图15–1）。[4]简单来说，90%的用户只会获取内容。另外9%的用户偶尔与内容互动，形成了社群。只有1%的用户在创造内容。这个模型也可以倒转过来，即1%的用户创造了90%的内容。这一现象由雅各布·尼尔森（Jakob Nielsen）提出，在网络日志（后来发展为博客）出现的初期就受到了关注。在“油管”的雏形阶段和雅虎平台的群组功能出现时，人们也发现了同样的规律。

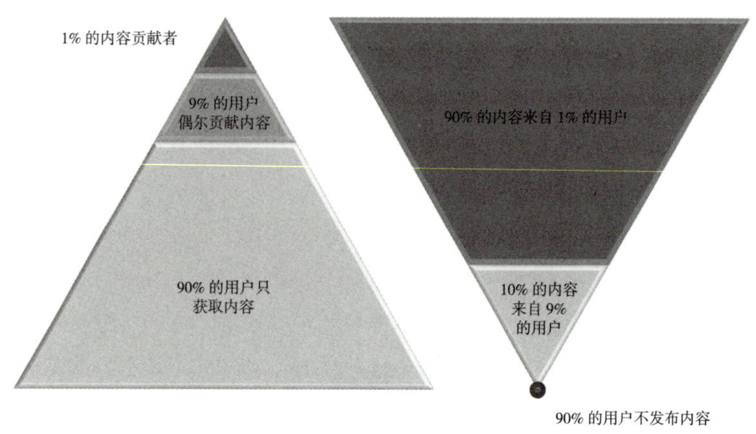

图15-1　90-9-1定律

资料来源：雅各布·尼尔森/尼尔森诺曼集团。

由于1%的用户创造了90%的内容，因此只有一小部分人创造了其他人看到的内容。考虑到这一点，我们就能理解影响者如何利用内容发挥影响力，特别是如何激发消费者的购买欲望。麦肯锡的一项研究发现，活跃的影响者在网上产品推荐中所占的比例很大，例如在服饰领域，有影响力的用户占5%，所产生的影响力占45%。[5]

影响者在社交媒体用户中所占比例极小，但他们了解在社交媒体上发布内容的好处，他们充分利用这种方式，而不仅仅是线上进行推荐。一些本应在利基市场中有影响力的品牌和公司却没做到这一点，是因为它们的适应速度太慢了。它们还没有适应，或者说它们正在适应。为品牌创建社群，然后像影响者一样与社群互动，这对提高品牌影响力来说至关重要。它与传统方式的本质区别在于，你不能将它当成广告。即使作为品牌方，你也必须将它视为能够产生影响力并与人建立实际关系的方式。

与社交媒体上的人相比，品牌有其固有的缺点。品牌虽然很难像人那样创造出令人产生情感共鸣的内容，但也并非完全不可能。从某种程度上来说，品牌可以在社交媒体上创造情感内容，只是需要另一种思维方式。

社交媒体上的互动遵循几条基本法则：内容是关键；人们会从自己信任的人那里购买产品。这两点事实意味着，内容对赢得信任大有助益。作为一家公司，你拥有大量的资源与知识产权，能够利用客户创造内容或对用户生成内容进行策展。此外，公司还有人们（包括其他影响者）手头没有的基础设施。

在不同的平台上，社交媒体的应用越来越普遍，所有群体与年龄段的人都在用社交媒体，但最大的用户群体仍然是“千禧一代”。近年来，美国的“千禧一代”已经超越“X一代”[①]与“婴儿潮一代”[②]，成为劳动力的主体。[6]如果你不使用社交媒体，就失去了与这一代人建立关系的机会。基本上来说，要在媒体上具备吸引力，必须在社交媒体上被看到。你可以通过名人代言，或者与影响者合作，但你必须要在一定程度上使用社交媒体。

① “X一代”指在美国出生于20世纪60年代中期至20世纪70年代末的人。——编者注

② “婴儿潮一代”指在美国出生于20世纪40年代中期至20世纪60年代中期的人。——编者注

社交媒体影响力所带来的商业利益

建立并发展社群能够为企业带来一系列好处。企业提升影响力的方法有两个，显示品牌名与品牌隐身。在“照片墙”发展壮大前不久，我正与一位母婴领域的客户合作。该客户想与母婴类博客作者合作，我们通过研究发现了一个名为“宝宝中心”（BabyCenter）的网站。该网站可以进行纯粹的付费推广的交易，而我的客户很乐意与他们合作。客户将“宝宝中心”视为影响其消费者与目标群体的关键。但是，如果你仔细研究一下就能发现，“宝宝中心”实际上是美国强生公司。该公司创建“宝宝中心”，使其成为一个信息来源，也是一个由年轻夫妻与准父母为主体的社群。这是品牌隐身的典型案例。强生将宝宝中心从自己的品牌中分离出去，并将其发展成一个新媒体渠道，在特定的小众群体中发挥强大的影响力。品牌本身涉及的范围可能非常广泛，或者品牌形象存在差异，难以获得他们所追求的个人信誉。通过品牌隐身的方法，用另一个名字建立一个完全独立的组织，使品牌进入他们的目标利基市场，成为该领域最具影响力的参与者。很多“照片墙”用户与“宝宝中心”争夺消费者市场，但后者已成功地将自己的数字影响力带到了社交媒体中，目前已吸引了数十万名关注者，可以被视为中型影响者。

每年我都会在美国加利福尼亚州圣迭戈市举行的社交媒体营销行业内规模最大的年会——“社交媒体营销世界大会”上发表演

讲。有一年，我遇到了一个人，他曾读过我写的一本书。从他说话的方式来看，我以为他想利用社交媒体策略进行B2B营销。但他的策略有所不同，他是一个B2B营销人员，却利用社交媒体策略，通过消费者影响B2C公司。他的公司是一个大型花卉批发企业，主要面向各大超市。在全美和特定的几个州，连锁超市的数量有限，他的目标是影响那些在连锁超市购物的消费者。除了与各大连锁超市直接合作的传统方法，他还建立了社交媒体社群，其成员都是热诚的花卉爱好者。这些社群发展壮大之后，他重回连锁超市，向超市展示这些由花卉爱好者组成的新兴社群。他说，如果超市与公司合作，公司就可以吸引这些社群成员到超市去。这与品牌隐身的方法类似，可以将自己与其他花卉品牌区分开来。首要的是，线上社群成员都是花卉爱好者，他可以利用数量上的优势来提升品牌影响力。

显示品牌名也能取得同样的效果。如果你具有极高的影响力，在接触开市客（Costco）或沃尔玛这样的公司时就可以占据优势地位，向它们展示品牌背后繁荣与热诚的社群。该社群属于你，能够帮助零售商销售他们的产品。我向一群美国州议员传达了一个类似的信息，告诉他们需要提高影响力。特朗普是第一个成为总统的影响者。早在他宣誓就任总统之前，他所发的推文就能吸引人们的关注。也许由于他当上了总统，因此更多人会关注他所说的话。但在此之前，他的推特信息流就是一个具有影响力的工具。因此，我认为每一家企业都应该追求这样一个目标：当你在社交媒体上发布信息时，人们都会关注这则信息。

有趣的是，作为一个品牌，你的影响力越大，对你的影响者营销策略就越有帮助。影响者喜欢与有影响力的品牌合作。影响者以自己的地位和名气而自豪，因此他们会与家喻户晓的品牌合作，这样的品牌能够提高他们自己的影响力。如果与你合作能够给影响者带来声望，他们可能会提供更加优惠的条件。同样地，如果品牌的影响力极大，影响者或影响者的社群很可能已经与品牌建立了密切关系，从而使下一步计划的实施更加容易。这样的品牌比名气相对较小的品牌更能吸引影响者回应合作的邀请。

眼见为实。如果别人能够看到你，就能看到你的信息。与那些影响力较小或没有影响力的品牌相比，能被他人看得见的品牌更能获得社会认同。美国知名心理学博士罗伯特·西奥迪尼（Robert Cialdini）提出了社会认同原理，即我们会根据他人的行为与观点行事。[7]例如，与空无一人的餐厅相比，我们可能更愿意选择顾客盈门的餐厅，或者在电视节目中加入笑声，会鼓励我们跟着一起笑。同样地，社交媒体也是一种证明，它可以作为我们自身选择的社会认同，就像证明信一样证明我们的选择。

提高影响力也有助于影响者营销。它能使影响者更容易接受你的合作请求。此外，如果你的品牌具有极高的影响力，将会有更多影响者主动与你联系，商议合作事宜。当然，随着合作的影响者增多，又可以吸引更多的影响者前来参与合作。

建立影响力

从概念上来说，建立影响力并非难事。图15-2展示了建立影响力的步骤。与生活中的其他事情一样，真正的挑战在于执行。

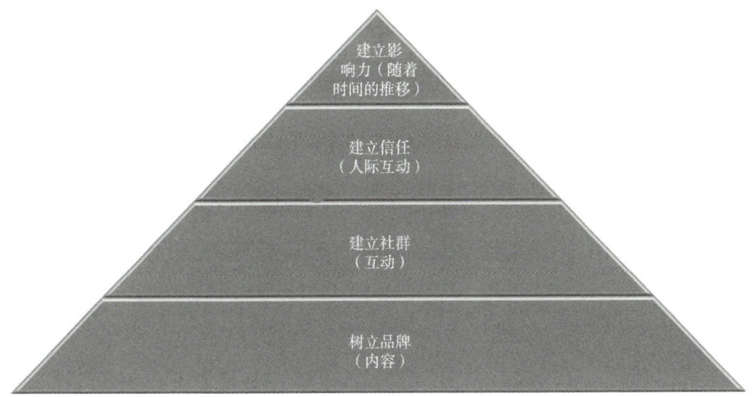

图15-2 建立影响力的步骤

先是树立品牌，确定适合品牌的内容。这是对现有策略的延伸。你的品牌是什么？你能创作什么内容？你必须发布高质量且具有权威性的内容，必须是品牌与企业所独有的内容。如前几章所说，你需要确定一种视觉语言，还要定期发布内容。无论是上传视频、发布文章还是广告文案，必须持续不断地发布内容。

品牌制订了自己的内容策略，有自己的平台，也在发布内容，但是建立社交媒体影响力不仅仅是发布内容。他们定期发布高质量的内容，希望靠它建立社群，而不是与社群互动。其他人发布的帖子可能与你的品牌无关，但涉及你的市场与社群，与这样的帖子互动，不仅能壮大品牌，还能提高品牌的影响力。与关注者互动，向他们提问，社交媒体提供了沟通交流的机会，但许多品牌并不交流，它们只把社交媒体当作信息传播的平台。在个人层面上与关注者和社交媒体的用户，以及粉丝与客户进行互动，有利于建立信任。培养关系需要时间，保持互动还能带来其他结果，让你始终紧跟潮流。在某些情况下，你自己也可能成为潮流的引领者。

这是一种向你感兴趣的社群发送社交信号的自然方法。你可以从身边吸引关注者。在每个平台上，完成这项工作的方法也不尽相同。在推特上，你可以关注、收藏、转发、提及、直接留言、添加到列表中……这些都是发送社交信号的方式，可以让对方知道你喜欢他的内容，你在与他交流。如前文所述，要寻求与影响者的合作，就要发送社交信号。

攀登影响者阶梯

过去有一种社交网络影响力分析工具，名为Klout。它可以衡量一个人的影响力大小，即受众参与程度与此人的影响范围，这是一种非常有用的工具。为了方便理解，它设计了“社交分数”，从0到100表示一个人的影响力大小。然而不幸的是，这种工具已经不存在了，所以我想推荐另一款替代品Right Relevance。在上一章我曾提过这个工具，它的功能相比Kloat有所增加。借助这款工具，你可以找到领域内具有影响力的人，并将他们添加到自己的列表中。你可以与他们合作并培养长期的关系。

在实施影响者营销策略的过程中，如果已经完成了影响者的甄选，那么你已经知道要将哪些影响者添加到自己的网络中了。Right Relevance这样的第三方评分工具可以基于社交信号进行数据分析，找出哪些人在哪些关键词上具备影响力。这样可以帮助你快速建立一个数据库以及影响力的衡量标准，从而以关键绩效指标来追踪公司的成就。没有一种社交评分机制是百分百准确的，但这样的工具可以帮助你衡量自己与其他品牌的差距。

建立有关社群的数据库，可以帮助你了解即将进入的领域，也能找到提升影响力的方法。找到这个领域内最有影响力的人，这对你在该领域站稳脚跟至关重要。如果你找到了那9%愿意加入讨论的人以及那1%创造内容的人，也找到了该领域内说话最有分量的人，说明这个策略非常适合你。

这个数据库，或者用户列表，无论你采用哪种设置方法，都能显示影响力的大小。它规划出行动路线，使你知道该如何提升影响力。使用管理工具，甚至只用一个电子表格程序，都能帮助你追踪谁是谁，谁有影响力，谁的影响力正在提升。一些平台提供了管理这些人的方法，例如将他们添加到推特列表中。

了解了该领域的情况后，你可以从建立影响力的角度来分析谁在分享内容，谁的内容值得分享，给影响力比你大的影响者留下评论并与之互动。这种影响者的关注者量未必巨大，但在你所处的利基市场中，他们拥有极高的人气。

分享相关影响者的相关内容，甚至进行内容策展，并利用你自己的影响力让他人来分享你的内容。当其他人分享你的内容时，将他们添加到列表中，记住这些人喜欢你发布的内容，向他们发送评论或某种信号，让他们知道你注意到了他们的参与。这个过程是双向的，你们互相分享。但是，如果你分享了某人的内容，对方却没有分享你的内容，甚至对你的分享视而不见，那么你就要将他从列表中删除。每月检查一次列表。你要分享谁的内容，为谁评论，与谁互动，这些都需要根据分数进行调整。

随着你的影响力日益提高，与影响者的交流也越来越多，你将逐渐成为社群的信息来源，社群成员也会随之增加。你的关注者越多，提到你的影响者越多，你的影响力就越大。在你选择参与互动的社群中，你的影响力将不断提升。

总之，只有经过长期的互动，才能建立社群、建立信任并提高影响力。你的关注者数量会增加，越来越多的人会分享你的内容。经过一段时间的互动之后，你将被视为讨论的一部分，因此人们会认可你的影响力。请记住，利用自己的员工与现有的品牌拥护者，也可以帮助你传播信息并分享内容。那些已经与你的品牌建立了密切关系的人是一个强大的资源，能够为你带来关注者，与他们建立关系可以帮助你成为影响者。这不是一种营销活动，因此在接触他们的时候要从提升影响力的角度出发。

第十六章

怎样成为社交媒体影响者

无论是一个品牌还是一个人，将自己的影响力延伸到社交网络，都会带来多方面的好处。作为品牌，如果你具有影响力，就可以参与影响者正在进行的讨论与交流，使沟通更加直接，更容易建立关系。你自身的影响力能够吸引那些希望与你合作的潜在影响者。作为个人，提升自己的影响力也能够吸引品牌前来寻求合作。

那么，影响者如何提升影响力？现在是时候从硬币的另一面来看看本书所讨论的内容了。影响者可以通过不同的途径与人和品牌建立关系。例如分享他们自己的照片或视频，评论他人创作的内容、组织网络研讨会等，此外还有耗时更长的形式，例如开展线下演讲、著书等。它们的共同点在于，都以内容创作为中心。影响者通过内容与受众建立关系。

内容本身只是提升影响力的一种手段。如果对消费者或企业而言，品牌代表某种产品或服务，那么人将代表什么？这就是个人品牌（或者说更重要的是利基市场）发挥作用的地方。面对数十亿社交媒体用户的竞争，你的内容怎样才能脱颖而出？其方法可以归结为：代表一个具体的利基市场，成为某一领域的专家或者对某一领域充满热爱，从而向他人传授有关该领域的知识或激励他人从事该领域的活动。当你向他人发送社交信号时，如果你发布的内容很明确，而对方也欣赏代表了相似利基市场的其他人，那么建立社群就会变得更容易。

这需要花费大量的时间，但我相信，我也这样告诉我的客户，任何公司都可以在三到六个月的时间内成功地在社交媒体上建立一个具有影响力的形象。

制订策略

与影响者营销大体相同，提高社交媒体影响力也是从线下开始的。第一步是制订策略。在这一步，你需要解决以下五个关键问题：

（1）你的目标客户是谁？启航前，你至少需要一份航海指南或地图。

（2）你有哪些独一无二的爱好、技能或经验？你需要为特定的利基市场创作内容。如果你对这个话题不感兴趣，那么你很快就会丧失动力，难以坚持下去。

（3）你应该以哪些网络为目标？你喜欢哪些平台？

（4）你最擅长使用哪种内容媒体？视觉内容所需的技能不同于书面内容。

（5）你应该与哪些影响者合作？请记住，与影响者合作对品牌非常有帮助，它也能帮助品牌尽快成为一个影响者。

第一个问题可能是关键。它对你接下来的工作与受众的定位都至关重要。你的目标客户是谁？谁会利用你的影响者身份？你希望影响谁？人们通常会发布涉及各个行业的各种话题，以便让自己的声音可以被他人听到。在网络研讨会上或介绍策略的时候，有些人会问我是否也这样做。我承认，有时候我也会在“照片墙”上发布有关各种话题的内容，我会发布关于日本、美食还有足球的内容。但在“照片墙”上，我的影响力有限，我还没有在“照片墙”上完成本书所提到的所有工作。我的主要阵地在推特，当我发推文的时候，我只选择自己已经建立起影响力的话题。

谁会利用你的影响者身份？哪些品牌会被你的社交媒体主页和你所创作的内容吸引？B2B行业在影响者营销方面较为落后，据报道，只有15%的公司会实施影响者营销。[1]但是，面向消费者的品牌的情况则完全不同。2017年，市场咨询机构Gartner L2在影响者研究中分析了1000多个品牌及其与5000多个影响者的关系，结果发现，在面向消费者的行业中，平均有70%的品牌实施了影响者营销；超过80%的奢侈品、运动装、美妆、服务和零售品牌已经与影响者展开了合作。为了与一个行业建立关系，你必须创作在一定程度上与他们的信息相匹配的内容。因此，先确定你适合的行业。与其兼顾多个行业，不如专攻一个行业，也许能取得更高的成就，因为当你兼顾多个行业的时候，你会丧失针对性。思考两个问题：你希望从影响者那里获得什么？（本书前文已有阐述）这些影响者如何与他们的受众互动？

确定了行业之后，你需要对它进行精炼，找出自己的利基市场。假设你处于时装业，这是一个非常宽泛的类别，包括男装、女装、休闲装、户外装、泳装、“千禧一代”时装、都市时装等。你的利基市场越具体，品牌就越容易找到你。看看你想合作的品牌，思考它们如何对产品进行分类。你可以以此为参考，找到自己希望参与的利基市场。在理想的情况下，你想与哪个品牌合作？你的理想客户是谁？找准你的理想客户，才能准确地创造出吸引他们的内容。

第二个问题，你有哪些独特的专长？对于你正在讨论的话题，你绝不可能是唯一一个为其写博客或拍照片的人。毕竟还有很多人想了解该话题。要从众多声音中脱颖而出，你必须有自己的特点。怎样让你的帖子具有独特性？有这样一些影响者，你一看到内容，就能立刻知道该内容的作者是谁。你可以发布具有强烈视觉辨识度的照片，或者从个人独特的角度针对主题写作。你的特点是什么？这是一个为你自己打造的品牌活动，将贯穿你所创作的全部内容。你必须制作大量的内容，具有独特性的声音不仅能够帮助你吸引品牌，也能吸引关注者，从而建立一个具有影响力的社群，品牌也希望加入这样的社群中。人们会被你的专业知识或个性吸引。你只需设法向他们传播信息，将对你感兴趣的人组建成一个社群，并让品牌对该社群产生兴趣。

为了找准自己的社交网络，你必须制订策略并加以完善。你不可能吸引所有人，因此必须确定自己的目标受众在哪里。兼顾过多的社交媒体平台不利于发展。如果你不能在“油管”上创作足够多的内容，或者你将大部分时间都花在推特或“照片墙”上，并在这两个平台上吸引了大量的关注者，结果在“油管”上只有10个关注者，那么“油管”这个平台对你而言就没有意义，反而会浪费时间和精力，这些时间和精力原本可以投入其他平台，带来更大的效益。如果你在一个平台既没有发布内容，也没有关注者，那么当品牌搜索到你时，它们会认为你没有活跃度，这只会损害你的形象。

最好从你现在所处的社交媒体平台开始。从你了解的地方开始。如果你已经熟悉了脸书或领英平台，那么就从这些地方开始。现在有很多社交媒体平台，例如缤趣和色拉布。根据你所在的地区或目标群体，可能需要其他社交媒体平台，例如在中国用微信，在日本用连我（LINE）。社交媒体持续变化，你需要确保自己所处的平台不会破产或关闭。

有些平台的功能会根据你是企业账户还是个人账户而变化。在脸书与领英上，企业账户会受到限制，因此我们可以看到，更多影响者崛起于“照片墙”、推特、“油管”等社交媒体平台，在这些平台中，个人账户与企业账户的功能基本相同，例如都可以自由地关注其他账号并参与互动。这些平台能让其他人搜索到你的内容，当潜在的关注者或品牌要寻找相关的主题时，很容易便能发现你的内容。

一般情况下，我建议一开始只在两个平台上开通账号。你不可能无处不在。一开始先在两个平台中发布同样的内容，并追踪结果。一个月之后，你可以对比两个平台的表现。通常来说，在“照片墙”“油管”、推特或缤趣上的自然互动率较高，但你也不能忽略最大的社交媒体平台。对很多B2B行业来说，领英是至关重要的平台。对面向消费者的品牌说，脸书依然是最大的社交媒体平台。

你所用的交流媒介也将决定平台的选择。如果你拍摄了大量的照片，那么你会倾向于使用“照片墙”。视频显然要发布在“油管”上，但你也可以通过“照片墙”、脸书、缤趣与人互动。最适合讲述视觉故事的平台是“照片墙”和色拉布，而书面文字更适合发布在博客中。如果你处在B2B领域，那么你会选择领英。我认为，在任何情况下，你都应该有一个简单的网站来引流。这个网站上的内容应当足以吸引别人。研究发现，会写博客的公司效益更好。[2]这些公司的页面会更加频繁地出现在谷歌搜索中，因此搜索引擎优化的影响更加深远，它能使公司更容易被检索到，最终提升公司的影响力。

在相同或相似的利基市场中，比你更有影响力的人承担着什么样的角色？崭露头角的影响者利用更知名的影响者的影响力，这在社交媒体用户所构成的社会中十分常见。在会议上与知名影响者合影，加入Triberr等网站的内容创作群，在推特和Tailwind上获得更多曝光，使内容在缤趣得到更加广泛的传播，社交媒体影响者已经使用了不同的平台和方法互相帮助。因此，在你希望与之产生共鸣的社群中，哪些人拥有强大的影响力？这是一个值得考虑的重要问题。

虽然Triberr和Tailwind满足了影响者对内容策展的需求，使其保持社交媒体信息流的活跃度，但更有效的方式是客座博客。前文讨论赞助内容分发这一方法时，曾讲过公司如何将自己的内容发布在影响者的博客上，但许多影响者发布赞助内容时会向企业收取费用，从而将自己的博客人气变现。但是，个人博客作者，特别是当他们已经具备了一定的影响力的时候，往往会欢迎他人免费使用博客。

博客内容的影响力很大，因为它会永远存在于谷歌搜索中，可以吸引反向链接，并且可以由博客作者的社群进行分享。不用说，影响者也会通过他们的聚合内容订阅源、简讯和社交分享来分享你在他们的网站上所发布的内容。你可以借此快速扩大影响范围，加快社群建设。

实施计划

完成了个人品牌的推广，并确定了你的目标利基市场之后，接下来就是实施计划阶段。在这一阶段，你需要创作内容、吸引关注者并吸引受众参与。听起来很简单，对吧？

内容创作的一个思路是将内容归类。继续上文的例子：假设你要发布关于时装的帖子，以女装的内容为主。你可以确定四个模块，并从中提取内容——休闲装、晚礼服、运动装与配饰。用几周的时间研究这四个模块，针对每一个模块创作相应的内容并发布，每个内容模块的帖子数量相同。之后，你将获得相应的数据，确定哪个社交媒体上的关注者参与度最高。你可以据此得出一种趋势，明确哪种内容最能引起关注者的共鸣。它可以告诉你应当开发哪一个利基市场。你可能会放弃配饰，也可能会发现运动装的内容在

“照片墙”上反响良好，而休闲装的内容在脸书上更受关注，进而对自己的计划进行相应的完善。

不同网站的算法也会影响你的发帖方式。在脸书上，一天发五篇帖子会导致你的信息推送速度减慢。在推特上，没有人会介意你一天发五篇还是更多篇帖子。事实上，在推特和缤趣，你必须多发帖才能脱颖而出。在领英上，人们可能会奇怪你为何在那一天要发五篇帖子。如果在“油管”上发布内容，你需要采取另一种方式，因为制作这样的内容需要更长的时间。在这种情况下，你可能很难做到每天都发布内容，但我认为，通常情况下，内容发布得越多越好。

同时，你要建立一个社群，并与他们建立信任关系。邀请朋友并关注其他人。有了一定数量的关注者后，过一段时间你可能想通过一些付费社交媒体来增加关注者。如果你的目标是在未来两个月内将关注者的数量提高至5000，而现在你有3500个关注者，那么利用一些付费社交媒体会有所帮助。付费社交媒体是有针对性的，不会将信息随机地传播给任何人。它会针对那些对你的帖子所涉及的领域感兴趣的人，以及你已经确定的目标群体，这些人是建立社群的基础。

需要明确的是，没有必要购买关注者。这样做只能增加表面的数字，无法带来任何长远利益。如果你购买关注者，那么你所制作的内容可能难以在信息流中获得推送，因为这些虚假的关注者不会参与互动。这可能会给部分算法造成负面影响，导致你的内容更加难以被他人看到。品牌越来越善于审查账号，分析哪些关注者是虚假的，哪些关注者是真实的。越来越多的工具都可以帮助品牌分辨账号的关注者数量是否存在水分。在一些案例中，名人失去了大量关注者，结果人们发现，这些名人拥有大量虚假关注者。2018年7月，推特识别并删除了大量虚假账号，导致贾斯汀·比伯、蕾哈娜（Rhianna），甚至巴拉克·奥巴马（Barack Obama）等名人失去了200万名关注者。[3]2019年，唐纳德·特朗普因失去了20万名关注者而向推特的首席执行官杰克·多尔西（Jack Dorsey）投诉。为此，多尔西回复说，推特会定期删除虚假账号或机器人账号。[4]如果推特或"照片墙"删除1000万个虚假账户，你可能会发现自己的关注者从5000人一夜之间降到了1000人。这绝对是你不想看到的情景，它会影响你的可信度。有些人已经购买了大量关注者，但我不推荐这种做法。同样地，我也不建议你购买虚假的互动，这是另一种越来越容易被审查工具发现的"诡计"。相反，你可以关注与你兴趣相投的人以及在同一领域发帖的人。找出关注了其他相似影响者并与影响者的受众互动的人。花时间在他们的帖子下留下有意义的评论。

在你的利基市场中，如果有其他影响者在你偏爱的社交媒体中表现出色，你也应该对他们进行深入了解。纳塔莉·阿尔萨特（Natalie Alzate）的网络用名是纳塔莉·奥特莱特（Natalies Outlet）。她是一个拥有1000多万关注者的"油管"主播。起初她的关注者只有几千人，后来她研究自己最喜欢的几个"油管"红人，并尝试了不同类别的视频，最终发现美妆技巧与生活妙招类的视频广受欢迎。随着时间的推移，她依靠这样的视频成了一名影响者。[5]这是一个将戴明环应用于内容策略并在实施策略的同时优化内容的典型案例。无论你是一个实施影响者营销策略的品牌，还是一个试图获得更多社交媒体影响力的个人，原则都是相同的。

此外，与其他影响者合作是一项关键策略，因此，除了应该向这些影响者发送必要的社交信号，还应该设法找到你能为这些影响者提供的价值。对不同的人来说，“提供价值”的含义不同，但都是指你所做的能够取悦一个影响者的事情。例如，你可以在社交媒体上分享他们的内容，或者写一篇博客文章讨论他们的专业知识以及你从他们身上学到的东西。影响者希望得到认可，并且经常与自己的关注者分享他们得到的公开认可，因此你要设法在保持真实自我的情况下向影响者提供价值。

社群建设

建立社群的第一步是找到社群成员。搜索并分析其他影响者关注了哪些人，你可以从中得到丰富的信息。谁关注了与他们相似的影响者？你可以提及和搜索话题标签，具体取决于你所处的网络。你需要关注谁，如何与他们互动以构建社群，针对这些问题，社交媒体为你提供了大量数据。但是这都需要花费一定的时间。这是一个持续的过程，但是如果你定期关注一些影响者并参与互动，就能看到成效。长此以往，人们会知道你的存在，然后开始与你的内容互动。

坦率地说，品牌在与人沟通、建立关系和建立信任方面总是困难重重，而人在这些方面的表现则十分出色。因此才需要影响者营销。实施影响者营销时可以遵循内容策展之前的步骤。定期分享内容，从而与你的关注者和其他影响者建立关系。你可以与关注者或你希望合作的品牌或相似领域的影响者所发布的帖子进行互动。吸引关注者是一项艰巨的任务，需要在策略、内容、社群与互动中投入大量时间。

与其他影响者合作是一种双赢的策略。你们可以互相推荐，甚至只是分享内容，标记他们的名字，让他们知道自己的内容得到了分享。然后与他们联系，问他们是否愿意分享你的内容。互相帮助并发布彼此的内容，确保你能保持不间断的内容更新。在创作内容中穿插分享的内容，可以使你更容易被别人看到。这不是零和博弈。要想取得成功，未必需要打败其他影响者，因此合作只是更多的对话而已。发挥影响力是沟通交流的一部分，有足够多的人听到你的声音，你所说的话才能有分量，才能让他人倾听你的声音。

谈论你希望合作的品牌，当你提到它们时，要加上品牌的标签。必须让这些品牌注意到你。你要“拍一拍它们的后背”，向它们展示你与受众的互动，这种互动方式对品牌必须具有吸引力。如果你所创作的针对某一品牌的内容总能引起你与社群的互动，那么你可以通过发送私信联系该品牌，告诉对方你希望与他合作。正如知名冰球运动员韦恩·格雷茨基（Wayne Gretzky）所说：“如果你不出手，你将100%错过进球机会。”

你也可以利用影响者市场，构建一个可以搜索的数据库，在第十三章影响者营销工具中提到了许多相关工具，看看哪一个更加符合你的需求或你希望合作的行业的需求。

最后一个经常被忽视的资源是传统的电子邮件列表。电子邮件是推广宣传的另一种渠道。与品牌合作进行影响者宣传活动时，你通常没有自己的内容。你同意将内容提供给品牌，以便它们以后可以重复使用。在影响者营销中，你为品牌创作的内容的知识产权可能归品牌所有，不属于你自己。你所拥有的是一个电子邮件列表，这不是可以出售或赠送的东西。品牌也想知道，除了社交媒体账号的关注者，你还与哪些平台合作。如果你有一个几千人的电子邮件列表，那么你作为一个影响者的价值就更高，对品牌而言，你是一个更具吸引力的合作对象。

变现

利用自己的影响力获得收入，这可能并非你的最终目标，但如果你以此为最终目的，可以遵循我的建议，持续发布信息、合作、互动，随着时间的推移，你将建立一个社群，社群成员信任你，品牌也希望加入其中。你将从另一个角度体验影响者营销，虽然很多品牌会遵循我的建议，只寻求能够建立长期关系的影响者，但并非每个品牌的信息都有这层含义。

你必须明白，你在为一个社群服务，社群是你最大的资产。与品牌合作的时候，如果你发布的内容并非出自真心实意，而是抱着牟利的目的与公司合作，可能会削弱你在社群中的影响力。因此，你必须：

让赞助帖子看起来像你自己创作的自然内容。赞助内容的真实性越接近你的自然内容，对你和品牌就越有利。

保持赞助内容与自然内容的平衡。如果你具有一定的名气，每一篇帖子都变成了广告，那么你就不再是影响者，而是一个媒体渠道。虽然这对某些人来说可能也具有吸引力，但它违背了真实性的原则，使你丧失了最初将你与社群联系在一起的能力。

如果你不推荐某件产品，就不要为它打广告。为你不推荐的产品打广告是令社群丧失信任的最直接、最快速的方式，不要这么做。如果品牌想花钱请你推广他们的产品，你要向他们索要免费的产品或服务进行试用，以检验该产品是否值得推荐。

与品牌合作时，你需要提高社群的价值。第八章阐述了与影响者合作的方法，以及如何将赠送产品和其他合作形式结合。当品牌与你合作时，你可以向对方提出这样的要求，这是提升社群价值的方法之一，也能加深你与品牌之间的信任。

真诚地添加品牌标签和品牌链接。如果你希望与某个品牌合作（或者进入他们的视线之中），那么你要尽可能地在内容中添加品牌标签与链接。你永远不知道会在什么时候吸引品牌的注意。至少，当你第一次与品牌接触，向对方表达你对品牌的钟爱之情时，可以用这些内容为佐证。

始终做自己。你要围绕个人品牌建立社群与信任。没有必要假装成别人，也没有必要打造一个不同于自己的形象。毫不掩饰的真实的你才能吸引人们的关注，吸引品牌与你合作，永远做自己。

第十七章

结语

从影响力的大众化，到利用影响者，再到自己成为影响者，影响者营销将紧随社交媒体、媒介消费与技术的变化而演变。那么在本书的最后，我想提出一个我在演讲结束时经常提的问题：影响者营销的未来是什么？

当我开始写作本书的时候，我打算写一本在多年以后仍然能为读者提供合理建议的参考书。但是，商业世界充斥着众多新技术名词及其缩写，例如物联网（loT）、增强现实（AR）、虚拟现实（VR）、区块链技术、加密货币和人工智能（AI）。我认为人工智能可以经受住时间的考验，在未来为影响者营销提供帮助。

到了某个阶段，企业的影响者营销将成为一种数字游戏。就像社交媒体那样，这个过程可能会比预想的更加迅速。成为社交媒体用户，然后建立影响力，这个门槛并不高，因此才涌现出成千上万的影响者。它不同于传统的名人代言。在传统的名人代言中，一个品牌可能会直接与一个或几个名人合作，但新媒体细分与受众细分迫使品牌要与在不同渠道中建立了独特社群的很多人建立合作。

由于潜在影响者数量庞大，因此我们需要一种能够超越人类能力的技术。当前的社群五花八门，所讨论的内容涉及任何你能想象到的话题，为了进一步了解社交媒体用户对这些社群的影响，我们需要借助人工智能的力量。现在，已经有很多公司开始利用人工智能进行更加准确的影响者营销决策。

人工智能为什么适合影响者营销

我曾有幸与影响者营销公司Open Influence合作（我在第十三章中推荐过该公司的影响者搜索工具），该公司也是利用人工智能进行影响者营销的领军者。该公司设法将自己的知识与经验融入可扩展性解决方案中，以帮助品牌找到符合其需求的社交媒体用户的社群、作品等。该公司认为，他们可以帮助品牌在影响者营销中提高投资回报率。他们认为，将人工智能引擎整合到自己的平台中，并利用独特的算法进行编程，就可以找到出类拔萃的影响者。

但他们没有意识到的是，这个新平台从根本上改变了影响者营销的规则。平台可以通过关键词而不仅仅是预先设定的类别进行检索，对帖子进行视觉分析，包括那些没有在文案中提到品牌名称的帖子，辨别虚假的影响者，甚至预测一个品牌、影响者和活动的效果。最后，Open Influence公司发现，一个改变了影响者营销的平台已经建立起来，这也在一定程度上改变了线上广告。

这个解决方案本身就带有可扩展性，具有极高的价值。如果没有人工智能，那么图像标签就是主观的，人工标记所产生的分歧也会令人望而却步。检索的计算方式如下：用影响者数量乘以每个影响者要添加标签的帖子数量，再乘以每篇内容的标签数量。最后，还要考虑到数据动态更新的频率。面对这样的工作量，人们用常规方法很难完成（见图17-1），因此我们需要人工智能。从一个拥有5000名影响者的数据库升级到一个拥有10万名影响者的数据库，需要花费大量的时

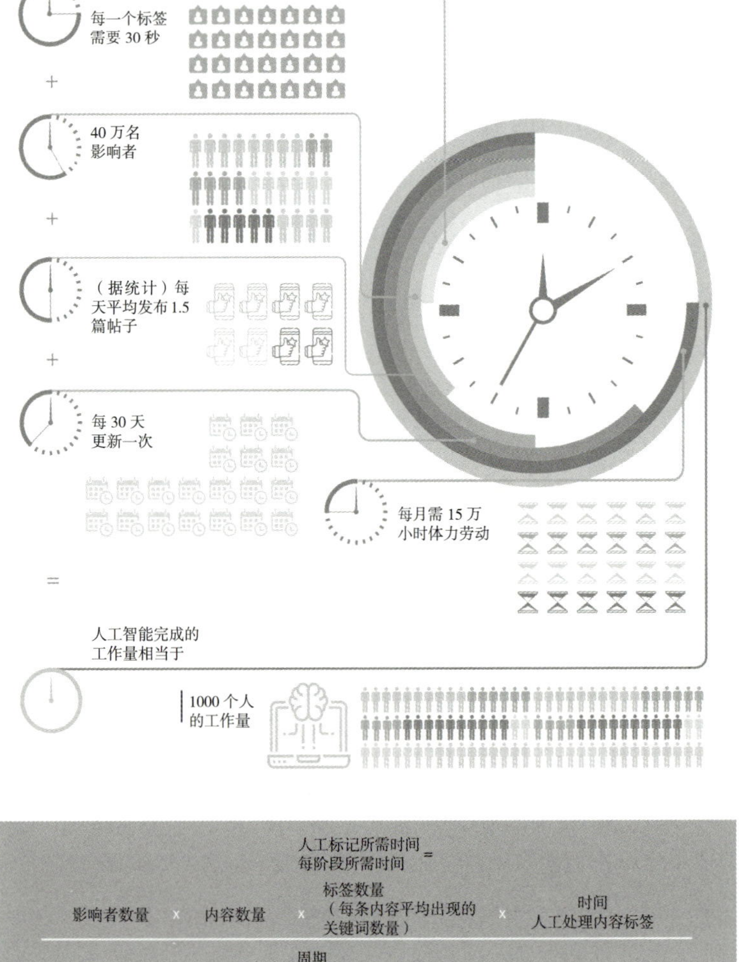

图17-1　人工标记的工作量与所需时间

间才能准确地为影响者及其发布的数量日益增长的内容加上标签。面对这样的挑战，人工智能提供了一种令人折服的可扩展性解决方案。

人工智能如何改变影响者筛选

对营销人员来说，影响者筛选一直是一个严峻的挑战。数量庞大的社交媒体用户与用户生成内容，增加了这项任务的难度。如果你掌握了一定的专业知识，具备影响者营销方面的经验，可以用不同的方法教一个人工智能驱动的平台用客观方法来甄选影响者，那么你会意识到人工智能将如何颠覆今天的影响者营销。

主要的挑战在于依据行业标准对影响者进行分类。品牌需要确定完全符合其消费群体与需求的影响者，但目前的分类还不够准确。影响者标签可以改善这一问题，即在搜索影响者的时候，利用基于影响者实际发布的内容及其社群互动历史的具体标签，而不是宽泛地分类。

例如，如果一个影响者根据平台预设的类别进行自我归类，即使他的大部分帖子都与时装有关，他可能也会将自己归类于美妆、汽车与旅游，以便与更多类型的公司开展合作。这个影响者可能发布了大量时装相关的照片，但是这些照片可能也与亲子关系密切相关，因为照片的主角是孩子，或者与运动密切相关，因为照片展示的是新款网球装或沙滩上的泳装。正是这种利基性极大地吸引了部分品牌，它能让品牌直接与自己的目标群体交流。在这一类别中进行深入甄选，可以为品牌节省时间和精力。

为了选出合适的影响者，影响者不能基于文本或话题标签随意进行分类，应当根据自己的图片和视频内容客观地为自己加标签。任何一个帮助品牌甄选影响者的公司都要负责对影响者标签分类进行尽职调查。这只能通过最新的图像识别技术来进行，通过这项技术，我们可以选择并交叉引用数百万个内容标签，而不仅仅是根据几十个分类对影响者进行筛选（见图17-2）。

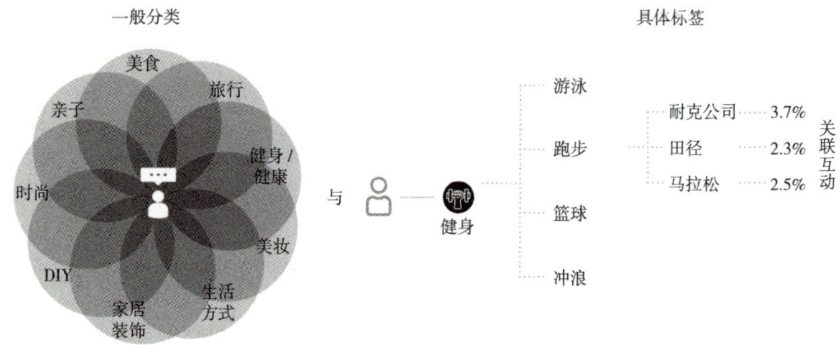

图17-2　利用图像识别技术对影响者标签分类

理解关联互动

视觉识别与图像剖析是从社交媒体内容中发掘关键信息的途径。如果一个影响者只发布了一张图片，几乎没有文字描述，并加上诸如“TBT”[1]这样的通用标签，如果不借助图像识别技术，根本无法确定该内容的性质与影响力。进一步来说，视觉媒体通常会由

① TBT是Throw Back Thursday（怀旧星期四）的缩写。人们发布怀旧内容时常常加上“TBT”标签。——编者注

一组图片组成，例如当一个人在山区旅行时，滑雪板装在一辆奔驰运动型多用途汽车（SUV）上，这可能指示了三个不同的标签。

进一步理解图片中各个物品之间的关联性、它们与话题标签及其使用的其他文本的关系，以及受众进行关联互动的不同方式，有助于洞察到原本可能被忽视的深刻见解。关联互动再一次证明，掌握了图像识别技术以后，该技术将成为包含人工智能的技术平台的一部分。一个充满机遇的世界向营销人员敞开了大门，他们可以通过影响者营销使投资回报率实现指数式增长。

精准定位类似者

2013年，脸书引入了类似受众的概念，彻底改变了社交媒体广告。[1]用脸书的话来说，类似受众是“一种可以接触可能对你的企业感兴趣的新客户的方式，因为这些新客户与你现有的客户类似”。在影响者营销的范围内，类似受众能够帮助营销人员更快、更准确地发现与他们以往成功合作过的影响者或未来希望合作的影响者类似的影响者，从而大大缩短甄选影响者的时间，同时确保影响者营销活动能够取得更高的成就。

脸书的类似受众可以帮你找到与当前关注者社群类似的新关注者社群、网站访客，甚至是电子邮件数据库链接。与此同时，通过人工智能推荐的类似影响者，营销人员可以找到理想的影响者，并根据类似影响者发布的内容模仿他的宣传活动，这是人工智能的另一个作用。

揭露机器人与虚假账号

人工智能如何识别并揭露机器人与虚假账号，从而帮助营销人员规避风险？这也是一个至关重要的问题。每个社交媒体网站都可能充斥着虚假账号与机器人，它们会制造虚假的互动并歪曲数据。你必须确保自己的影响者营销策略不会成为这些欺诈活动的受害者，才能取得最终胜利。幸运的是，人工智能为我们提供了许多好方法，可以发现那些虚假的关注者与互动数据。

邀请一个拥有数万名甚至数百万名虚假关注者的虚假账号参与你的影响者营销策略，对投资回报率的提升徒劳无益。事实上，在影响者营销中，虚假关注者每年给品牌造成的损失超过10亿美元。[2]当然，没有人会故意邀请一个虚假影响者参与计划，但是如何才能判断影响者的真伪？人工智能可以帮助我们分析出虚假账号的模式，例如，分析关注者本身的质量以及关注者增长趋势，以此判断该影响者的真伪，或者判断该影响者是否购买虚假关注者以牟取利益。

人工智能还可以识别出与受众互动率很低的影响者（尽管他的这些关注者都是真实的）。很多人试图通过购买虚假关注者、购买点赞量或购买评论的方式，营造出自己很有影响力的样子。他们可能还会加入一些影响者群，与其他影响者互相评论，这样他们的内容会被推送到信息流的显著位置。如果一个影响者与受众实际的互动率较低，但其互动数据却十分可观，说明这样的数据是经过操纵的，对品牌没有任何实际的商业价值。幸运的是，人工智能现在可以识别有关时间、性质与互动来源的模式，帮助我们尽可能规避那些互动数据造假的影响者。

随着影响者营销的发展，人工智能对品牌宣传活动的成功越来越重要。人工智能可以帮助你准确甄选出合适的影响者，同时发现可能对影响者营销的投资回报率造成负面影响的因素。此外，人工智能提高了社交媒体内容对用户的价值。适当利用人工智能可以帮助你发现意料之外的相关内容。

图像识别技术的意义

没有影响者创造的内容，影响者营销便无从谈起。如果说内容是影响者营销的货币，那么，为了甄选影响者并了解该影响者在其所标记的类别中的影响力，就必须对该影响者所发布的内容进行分析。视觉识别技术能够让我们更加准确地为影响者“贴标签”，该功能也可以延伸到内容的微观层面。

随着社交媒体世界日益可视化，其他人工智能解决方案中基于文本的方法难以发挥作用。文本分析在“照片墙”等视觉化平台上存在固有局限性。此外，影响者通常不会在图片描述中发布连贯的想法，而是用几个词和一个表情符号代替。此外，虽然营销人员希望如此，但影响者不会在每一篇帖子中都使用话题标签，即使使用了，也不能保证话题标签与图片一致。

因此我们需要用图像识别技术进行分析。过去，图像识别一直由人来完成，账户管理者阅读帖子，并主观地对其进行分类。不同的管理者对诸如时尚或健身等类别的含义肯定有不同的理解。例如，美国大众时尚品牌Forever 21所展现的时尚类型与香奈儿完全不同。类似地，运动饮料与健身房都与健身有关，但方式完全不同。

人工智能如何保证结果

人工智能以前所未有的方式保证影响者营销的结果，从而提高了这一行业的标准。它除了能够帮助我们甄选影响者并对内容进行分析，当人工智能被集成到影响者与影响者活动的数据库中，它还可以帮助营销人员以多种方式更好地实施影响者营销。

（1）找到合适的影响者，因为合适的影响者更有可能参与进来并执行你的策略，最终取得成功。

（2）检查影响者是否发布过不当内容，以免对你的品牌造成损害。

（3）通过模仿活动的方式，利用预测分析法以及对过往数据的分析，确定参数指标，例如在开始活动之前的互动总数与互动率。

（4）分析发帖频率可以使我们希望借影响者发布的内容数量与相关消费者的阈值保持一致。

合理使用人工智能的确有助于解决影响者营销方面的问题，并具有强大的发展潜力。

致谢

我写的每一本书都力求有独到之处，本书也不例外。在以往的写作经历中，我总是尽量避免受他人思想的影响。但在写作本书时，我接受了一个事实，即影响者营销与影响力的概念早已流行，所以我打算利用这一事实，真正站到巨人的肩膀上，以他人的行业经验为基础，提供更加新颖的见解。本书从构思到出版历时两年多，如果没有诸位亲友同事的支持和鼓励，我根本无法完成此项任务。

我要感谢我的妻子和孩子们，当我必须要在截稿日期前赶工，或者必须牺牲陪伴家人的时间以创作更多内容的时候，他们给予了我莫大的支持。这个相亲相爱的家庭为我的工作提供了后盾与动力。此外，我还要感谢父母与兄嫂多年来为我提供的各种帮助。

感谢众筹出版图书的平台Publishizer的首席执行官李·康斯坦丁（Lee Constantine），没有他的鼎力支持，这本书也不可能完成。

感谢哈珀·柯林斯出版集团（Harper Collins）的每一个人，感谢他们对我的信任以及对本书的信心，感谢他们的编辑团队。感谢我的工作人员，他们以各种方式帮助我完善本书的内容。

特别感谢所有聘任我参与数字化商业管理者教育的高等院校，包括美国罗格斯大学商学院（Rutgers Business School）、爱尔兰管理学院（Irish Management Institute）和芬兰于韦斯屈莱大学（University of Jyväskylä）。

此外，许多社交媒体与营销行业的导师从许多方面直接或间接地为我提供了启发，使我对市场营销有了进一步的理解，同时我希望本书也能发挥同样的作用，帮助读者进一步了解市场营销。值得感谢的人很多，在此我想特别感谢几位给我带来启发性思考的人。感谢美国营销专家塞思·戈丁（Seth Godin）的无私分享，时至今日，他的理论依然具有现实意义，经久不衰。感谢迈克尔·斯特尔茨纳（Michael Stelzner）和社交媒体研究机构Social Media Examiner，他们为我在社交媒体营销世界大会上发表的演说提供了帮助。感谢我的同事，罗格斯大学商学院教授马克·谢弗（Mark Schaefer），在我第一次表达关于本书的想法时，是他鼓励我将这些想法书写成书。感谢杰伊·贝尔（Jay Baer），他是一个了不起的人，为我提供了莫大的鼓舞。感谢布莱恩·索利斯（Brian Solis），他不断地启发我，帮助我思考下一步是什么。感谢玛丽·史密斯（Mari Smith）无私地将自己的见解分享给全世界。感谢乔·普利兹（Joe Pulizzi），作为内容营销之父，很多人从他的理论中获益。感谢安·汉德利（Ann Handley），我曾有幸在活动中见过她本人，她鼓励我写作，并给予我启发和灵感。感谢丹·金吉斯（Dan Gingiss）在客户体验营销方面给我的启发，可惜他是芝加哥小熊队的球迷（我为洛杉矶道奇队加油！）[①]。

① 芝加哥小熊队与洛杉矶道奇队都是美国职业棒球大联盟的球队。——译者注

感谢加里·维纳查克，他是一个颇具胆识的人，总能告诉我应该怎么做，激励了包括我在内的一代企业家。感谢戴夫·柯本先生（Dave Kerpen）给予我的启发和友谊。感谢迈克尔·布里托（Michael Brito）在社交商务，特别是员工宣传方面所做的一切（何况他和我一样，都是洛杉矶湖人队的拥护者）。感谢克里斯·布罗根（Chris Brogan），他可能是你见过的最才华横溢、脚踏实地的作家之一。感谢李·奥登（Lee Odden）与他的公司在影响者营销领域所做的贡献。感谢让·赫尔曼（Jenn Herman）在“照片墙”平台方面提供的启发。

最后，我还要感谢下列所有朋友，他们参与了本书在Publishizer平台上的预购活动，为本书的诞生提供了资金帮助，并在耐心等待本书出版的过程中不断给予我支持。在找到出版商之前，这些个人与组织为我提供了资金支持，对此我感激不尽。无论资助金额大小，对我而言都极其宝贵，为了表达谢意，我将在此按姓氏字母顺序将他们一一列出：于韦斯屈莱大学的帕西·阿尔托拉（Pasi Aaltola）及全体同仁、约翰·奥尔索夫（John Althoff）、马拉亚·阿尔图瓦伊吉（Maraya Altuwaijri），感谢你们多年来在线上线下给予我的支持；安德里亚·阿姆斯特朗（Andrea Armstrong）、史蒂夫·阿诺德（Steve Arnold）、比尔·阿什顿（Bill Ashton），感谢你们在旅途中为我提供了诸多帮助；朱利安·B.（Julien B）、法比亚娜·鲍曼（Fabiana Baumann）、斯特凡·贝克特（Stefan Beckert）、莱昂纳多·贝里尼（Leonardo Bellini）、娜塔莉·贝纳莫（Natalie

Benamou）、尤里・比亚洛夫（Yuri Bilyarov）、雪莉・博内利（Sherry Bonelli）、罗伯特・伯恩斯（Robert Burns），感谢多年以来你们给予我的宝贵友情；杰弗里・巴斯基（Jeffrey Buskey）、辛纳德・卡罗尔（Sinead Carroll）、杰西卡・卡萨门托（Jessica Casamento）、安妮・张（Annie Chang），尽管我们从未在线下见过面，但我仍要感谢你们长久以来给予我的支持与合作机会；邦妮・乔米卡（Bonnie Chomica）、艾玛・考克斯（Emma Cox）、斯蒂芬・柯蒂斯（Stephen Curtis）、邦妮・戴维（Bonnie David），感谢你们给予我的支持与合作机会；凯伦・德桑蒂斯（Karen DeSantis）、维多利亚・德塞蒙（Victoria Desemone），感谢你们给予我的激励与友谊；凯西・多林（Kathy Doering）、利兹・多兰（Liz Dorland）、史蒂夫・艾森伯格（Steve Eisenberg），感谢你们为我提供的帮助；达雷尔・埃伦斯（Darrell Ellens）和卡里・恩布里（Kari Embree），从我写作《充分利用你的社交能力》（*Maximize Your Social*）一书开始，你们就不断为我提供帮助，在此特表感谢；迈克・法尔科纳（Mike Falconer）、萨尔瓦托・费利卡（Salvatore Fallica）、格温多林・加布里（Gwendolyn GaBree）、朱莉・加拉赫（Julie Gallaher）、罗伯特・盖勒（Robert Geller），感谢你们多年来给予我的帮助与合作机会；我的好友肖恩・加赞法里（Sean Ghazanfari），感谢你对我的大力支持；大卫・戈德史密斯（David Goldsmith）、理查德・哈根森（Richard Haagensen）、莱恩・哈姆斯（Ryon Harms），感谢你们在社交媒体内外给予我的鼓励；

鲁内·豪森（Rune Haugsoen）、西蒙·赫瓦特（Simon Hewat）、林恩·霍班（Lynn Hoban）、洛里·霍莉（Lori Holly）、布莱恩·霍尼格曼（Brian Honigman），感谢你们为我提供的专业指导与帮助；托妮·霍普宁（Toni Hopponen）与社交媒体服务平台Flockler、杰弗里·豪厄尔（Jeffrey Howell）、玛娜·伊奥尼斯库（Mana Ionescu）、娜塔莉·杰克斯（Natalie Jacks）、谢丽尔·约翰逊（Cheryl Johnson）、马丁·琼斯（Martin Jones），感谢你们给予我的支持和友谊；埃里卡·凯斯勒（Erika Kessler）、马库斯·基尔希（Marcus Kirsch），感谢你们在本书写作过程中为我提供的支持；迪诺·库科维奇（Dino Kuckovic）与Falcon.io（一款社交媒体管理软件）平台的每一个人（无论你们来自哥本哈根还是其他地方），感谢你们为我提供的帮助；普拉莫德·昆朱（Pramod Kunju）与沃纳·昆兹（Werner Kunz），感谢你们在数字化营销专业人员教育方面为我提供的支持与鼓励；塞尔日·拉贝勒（Serge Labelle），感谢你的友谊以及对日本的热爱；雷内·利斯（Rene Lisi）、罗宾·马卡（Robyn Maka）、艾因·麦克·麦纳蒙（Aine Mc Manamon）、玛丽·贝思·麦卡贝（Mary Beth McCabe）、苏西·麦卡锡（Suzie McCarthy），感谢你们多年来对我的帮助；道格·摩诺（Doug Morneau）、尼可拉斯·迈尔（Niklas Myhr），感谢你们为美国橘郡（Orange County）和瑞典的数字化营销专业人员提供的支持与继续教育；诺曼·奈勒（Norman Naylor）与我建立了多年的深厚友谊，在此深表谢意；乔纳森·努涅斯（Jonathan

Nunez）、尼克莱特·奥勒曼（Nicolette Orlemans），感谢你们给予我源源不断的帮助；库恩扬·帕克（Kuenyoung Park）、洛里·帕索夫（Lory Passov）、詹妮弗·拉德克（Jennifer Radke）、塔蒂安娜·理查兹（Tatiana Richards），当我开始在地方建立工作关系时，感谢你们给予我的诸多帮助；乔恩·里弗斯（Jon Rivers）、玛丽亚·罗德里格斯（Maria Rodriguez）以及Open Influence的所有工作人员，感谢你们给予我的大力支持；格雷格·鲁萨克（Greg Russak）与乔·桑德斯（Jo Saunders），感谢你们在澳大利亚时给予我的帮助；卡琳·瑟百琳（Karin Sebelin），感谢你给予我信任与支持；利隆·塞格夫（Liron Segev）与朱利·塞尔比（Juhli Selby），感谢你们给予我宝贵的友谊；塞米·塞米–迪科克（Semi Semi-Dikoko）、拉文尼特·辛格（Ravneet Singh）、乔·辛克维茨（Joe Sinkwitz）和影响者营销平台Intellifluence、孙尧（Yao Sun）、约翰·萨斯特思科（John Sustersic）、瓦伦蒂娜·坦齐洛（Valentina Tanzillo）、迈克尔·陶布勒（Michael Taubleb），感谢你们对我的演讲工作所提供的帮助；苏姗·汤普森（Susan Thompson）、马克·蒂特波尔（Mark Tietbohl）、迈克·特纳（Mike Turner）、毛里茨·范·桑比克（Maurits van Sambeek）、罗伯特·瓦里帕帕（Robert Varipapa）、盖伊·文森特（Guy Vincent），感谢你们创办了Publishizer平台；瓦拉·文森特（Vala Vincent）与拜伦·怀特（Byron White），感谢你们帮助我在内容营销大会（Content Marketing Conference）上完成了演讲。

一本书的最终完成需要多方的努力，我的成果离不开上述所有人以及其他人的关爱、友谊、支持和鼓励，在此无法一一罗列。衷心感谢你们每一个人。

参考文献

前言

1. Jeremiah Owyang, "MySpace and Facebook Launch New Advertising Products, Why Hyper Targeting, Social Ads and Rise of the 'Fan-Sumer' Matter to Brands,"web-strategist.com, November 6, 2007. Accessed at http://www.web-strategist.com/blog/2007/11/06/myspace-and-facebook-launch-new-advertising-products-why-hyper-targeting-social-ads-and-rise-of-the-fan-sumer%E2%80%9 D-matter-to-brands/.
2. G. Malcolm Lewis, "Maps, Mapmaking, and Map Use by Native North Americans,"chapter 4 of *The History of Cartography*, volume 2, book 3, *Cartography in the Traditional African, American, Arctic, Australian, and Pacific Societies*, ed. David Woodward and G. Malcolm Lewis (University of Chicago Press, 1998). Accessed at https://www.press.uchicago.edu/books/HOC/HOC_V2_B3/HOC_VOLUME2_Book3_chapter4.pdf.
3. Corinna Bremer and Scott Peterson, "China's Crazy Influencer Industry: A German Stands Out Amidst Clone Factories and Billion-dollar Revenues," OMR, September 24, 2018. Accessed at https://omr.com / en/china-influencer-marketing/.
4. Angela Doland, "China's Influencers Don't Just Push Brands—They Create Their Own,"*AdAge*, February 7, 2018. Accessed at https://adage.com/article/digital/china-s-influencers-create-brands/312229.
5. Karen Freeman, Patrick Spencer, and Anna Bird, "Three Myths About What Customers Want,"*Harvard Business Review*, May 23, 2012.

Accessed at https://hbr.org/2012/05/three-myths-about-customer-eng.

第一部分

1. 2019 Edelman Trust Barometer Special Report, “In Brands We Trust Accessed at https://www.edelman.com/sites/g/files/aatuss191/files /2019-07/2019_edelman_trust_barometer_special_report_in_brands _we_trust.pdf.
2. “How Big is Influencer Marketing in 2018?”Infographic. InfuencerDB, November 21, 2018. Accessed at https://cdn2.hubspot.net / hubfs/4030790/MARKETING/Resources/Education/Infographic / InfluencerDB-State-of-the-Industry-2018.pdf.

第一章

1. “How to Get a Celebrity Endorsement from the Queen of England,”NPR, May 21, 2012. Accessed at https://www.npr.org/sections/money/ 2012/05/21/153199679/how-to-get-a-celebrity-endorsement-from -the-queen-of-england?t=1557830579947.
2. “The History of Staunton Chessmen,”Staunton Chess Sets, 2012. Accessed at https://www.stauntonchesssets.com/staunton_history.html.
3. “Reading the Trade Cards,”Museum of Health Care at Kingston. Accessed at http://www.museumofhealthcare.ca/explore/exhibits/trade-card/celeb3.html.
4. Annette Blaugrund, *Dispensing Beauty in New York and Beyond: The Triumphs and Tragedies of Harriet Hubbard Ayer* (Arcadia Publishing, 2011), p. 58.
5. Alejandro Benes, “Samuel Clemens and his Cigars,” *Cigar Aficionado*, Winter 1995–96. Accessed at https://www.cigaraficionado.com/index.php/article/samuel-clemens-and-his-cigars-6042.

6. Rich Griset, “Where There’s Smoke: Looking Back at a Time When Chesterfields Were King,”*Chesterfield Observer*, June 1, 2016. Accessed at https://www.chesterfieldobserver.com/articles/where-theres- smoke-2/.
7. Jack Doyle, “Babe Ruth & Tobacco, 1920s–1940s,”*The Pop History Dig*, September 25, 2010, updated June 23, 2016. Accessed at https://www.pophistorydig.com/topics/babe-ruth-tobacco-1920s -1940s/.
8. “History of Celebrity Endorsements in Advertising: From Doris Day to Liza Koshy to Gcorgc Clooney,”TagedStudio, January 24, 2019. Accessed at https://tagedstudio.com/history-of-celebrity-endorsements-in-advertising-from-doris-day-to-liza-koshy-to-george-clooney/.
9. Alec Banks, “The Time Michael Jordan Was Forced to Wear Reebok,”HighSnobiety, August 18, 2016. Accessed at https://www.highsnobiety .com/2016/08/18/michael-jordan-reebok/.
10. Jake Woolf, “Every Sneaker Kanye West Ever Designed, Ranked,”*GQ*, June 8, 2017. Accessed at https://www.gq.com/gallery/kanye-west-sneakers-ranking.
11. Randall Beard, “Trust in Advertising—Paid, Owned and Earned,”September 17, 2012, citing Nielsen Global Trust in Advertising Survey, Q3 2011. Accessed at https://www.nielsen.com/us/en/insights /article/2012/trust-in-advertising-paid-owned-and-earned/.
12. 2019 Edelman Trust Barometer Special Report, “In Brands We Trust?”Accessed at https://www.edelman.com/sites/g/files/aatuss191/files/2019-07/2019_edelman_trust_barometer_special_report_in_brands_we_trust.pdf.
13. Adam Fusfeld, Nike Golf Was Rewarded for Sticking with Tiger Woods,”*Business Insider*, December 3, 2010. Accessed at https://www.businessinsider.com/tigers-nike-endorsement-proved-profitable -2010-12?IR=T.

14. Kelsie Rimmer, "The Stats Driving Influencer Marketing in 2019,"Tribe, no date. Accessed at https://www.tribegroup.co/blog/the-stats-driving-influencer-marketing-in-2019?.

15. Marty Swant, "Twitter Says Users Now Trust Influencers Nearly as Much as Their Friends, *Adweek*, May 10, 2016. Accessed at https://www.adweek.com/digital/twitter-says-users-now-trust-influencers-nearly-much-their-friends-171367/.

16. Elizabeth Segran, "Female Shoppers No Longer Trust Ads or Celebrity Endorsements,"Fast Company, September 28, 2015. Accessed at https://www.fastcompany.com/3051491/female-shoppers-no-longer-trust-ads-or-celebrity-endorsements.

17. Hayley Soen, "The Instagram Models and Influencers that Promoted the Fyre Festival Scam,"The Tab, January 17, 2019. Accessed at https://thetab.com/uk/2019/01/17/fyre-festival-instagram-models-89928.

18. Celie O'Neil-Hart and Howard Blumenstein, "Why YouTube Stars Are More Influential Than Traditional Celebrities,"Think with Google, July 2016. Accessed at https://www.thinkwithgoogle.com/consumer-insights/youtube-stars-influence/.

19. Tara Johnson, "11 Influencer Marketing Statistics That Will Impact Your Campaign in 2019,"Tinuiti (formerly CPC Strategy), December 26, 2018. Accessed at https://www.cpcstrategy.com/blog/2018/12/influencer-marketing-statistics/.

20. Tereza Litsa, "Influencer Marketing 2019: Seven Key Stats You Need to Know,"ClickZ, January 4, 2019. Accessed at https://www.clickz .com/influencer-marketing-2019-stats/223174/.

21. Audiense, *Influencer Marketing: Identify the Most Relevant Influencers for Your Audience*. ebook. Accessed at http://resources.audiense.com/

ebooks/identify-the-most-relevant-influencers-for-your-audience.

22. Rachel Strugatz, “Digital Download: The Power of Influencer Referrals,”WWD, September 19, 2017. Accessed at https://wwd.com/business-news/retail/influencers-chriselle-lim-man-repeller-leandra-medine-reward-style-drive-traffic-and-sales-10994073/.
23. Alissa Degreef, “Rakuten, 2019 Influencer Marketing Global Survey of Consumers,”Rakuten Marketing blog, March 14, 2019. Accessed at https://blog.rakutenmarketing.com/insights/rakuten-marketing-2019-influencer-marketing-global-survey-report/.
24. Vikram Alexei Kansara, The Digital Iceberg,”Business of Fashion, February 15, 2016. Accessed at https://www.businessoffashion.com / articles/fashion-tech/the-digital-iceberg-luxury-fashion-marketing.

第二章

1. “Instagram Rich List 2019,”HopperHQ, no date. Accessed at https://www.hopperhq.com/blog/instagram-rich-list/.
2. Peter Kafka and Rani Molla, “2017 Was the Year Digital Ad Spending Finally Beat TV, Vox, December 4, 2017. Accessed at https://www.vox.com/2017/12/4/16733460/2017-digital-ad-spend-advertising-beat-tv.
3. Kurt Wagner, “Digital Advertising in the US Is Finally Bigger Than Print and Television,”Vox, Recode, February 20, 2019. Accessed at https://www.vox.com/2019/2/20/18232433/digital-advertising -facebook-google-growth-tv-print-emarketer-2019.
4. Dominick Sorrentino, “Email Marketing Generates the Highest ROI,” Brafton, January 9, 2018. Accessed at https://www.brafton.com/news/content-marketing-news-2/digital-channel-profitable-33-marketers-arent-sure/.
5. Michael Gerard, “The Buyer’s Journey Demystified by Forrester,”Curata,

2014. Accessed at http://www.curata.com/blog/the-buyers-journey-demystified-by-forrester/.

6. Gerard, “The Buyer’s Journey Demystified by Forrester.”
7. “Top Sites in United States,”Alexa.com, May 23, 2019. Accessed at https://www.alexa.com/topsites/countries/US.
8. Claudia Beaumont, “New York Plane Crash: Twitter Breaks the News, Again,”*The Telegraph*, January 16, 2009. Accessed at https://www.telegraph.co.uk/technology/twitter/4269765/New-York-plane-crash-Twitter-breaks-the-news-again.html.
9. Katerina Eva Matsa and Elisa Shearer, “News Use Across Social Media Platforms, 2018,”Pew Research Center, September 10, 2018. Accessed at http://www.journalism.org/2018/09/10/news-use-across-social-media-platforms-2018/.
10. Randall Beard, “Trust in Advertising—Paid, Owned, Earned,”September 17, 2012, citing Nielsen Global Trust in Advertising Survey, Q3 2011. Accessed at https://www.nielsen.com/us/en/insights/article/2012/trust-in-advertising-paid-owned-and-earned/.
11. Mike Neumeier, “Branding by Trust: The Rise of the B2B Influencer,”*Forbes*, October 2, 2017. Accessed at https://www.forbes.com/sites/forbescommunicationscouncil/2017/10/02/branding-by-trust-the-rise-of-the-b2b-influencer/#5315507651a6.

第三章

1. Matt McGee, “EdgeRank Is Dead: Facebook’s News Feed Algorithm Now Has Close To 100K Weight Factors,”Marketing Land, August 16, 2013. Accessed at https://marketingland.com/edgerank-is-dead-facebooks-news-feed-algorithm-now-has-close-to-100k-weight-factors-55908.

第四章

1. Salman Aslam, “Snapchat by the Numbers: Stats, Demographics & Fun Facts,”Omnicore Agency, April 27, 2019. Accessed at https://www.omnicoreagency.com/snapchat-statistics/.
2. Danny Wong, “Facebook, Pinterest, Twitter, and YouTube Referrals Up 52%+ in Past Year,”Shareaholic, October 15, 2013. Accessed at https://blog.shareaholic.com/social-media-traffic-trends-10-2013/.
3. Karla Gutierrez, “Studies Confirm the Power of Visuals in eLearning,”Shift Disruptive eLearning, July 8, 2014. Accessed at https://www.shiftelearning.com/blog/bid/350326/studies-confirm-the-power-of-visuals-in-elearning.
4. “Maersk Line Wins Social Media Campaign of the Year Award,”Safety4Sea, September 17, 2012. Accessed at https://safety4sea.com/maersk-line-wins-social-media-campaign-of-the-year-award/.
5. Rob Reed, “The Year of the Instagram Strategy,”The Huffington Post, December 6, 2017. Accessed at https://www.huffingtonpost.com/max-gladwell/the-year-of-the-instagram_1_b_4171833.html.
6. “Sour Then Sweet Hijinks,”Shorty Awards. Mondelez International, VaynerMedia. Accessed at http://shortyawards.com/7th/sour-then-sweet-hijinks.
7. Taylor Lorenz, “Instagram’s Wannabe-Stars Are Driving Luxury Hotels Crazy,”*The Atlantic*, June 13, 2018. Accessed at https://www.theatlantic.com/technology/archive/2018/06/instagram-influencers-are-driving-luxury-hotels-crazy/562679/.

第五章

1. Randall Beard, “Trust in Advertising—Paid, Owned and Earned,”September 17, 2012, citing Nielsen Global Trust in Advertising Survey, Q3 2011. Accessed at https://www.nielsen.com/us/en/insights/article /2012/trust-in-advertising-paid-owned-and-earned/.

第六章

1. Alison Millington, “A Day in the Life of 26-Year-Old Kayla Itsines—The Most Influential Fitness Star on Earth—Who Has a 7-Million Strong Instagram Following,”*Independent*, September 24, 2017. Accessed at https://www.independent.co.uk/life-style/life-kayla-itsines-most-influential-fitness-star-on-earth-million-instagram-following-blogger-a7964136.html.
2. Madeline Berg, “The Highest Paid YouTube Stars 2017: Gamer DanTDM Takes the Crown with $16.5 Million,”*Forbes*, December 26, 2017. Accessed at https://www.forbes.com/sites/maddieberg/2017/12/07/the-highest-paid-youtube-stars-2017-gamer-dantdm-takes-the-crown-with-16-5-million/.
3. Klear, “The State of Influencer Marketing 2019.”Accessed at https://klear.com/TheStateOfInfluencerMarketing2019.pdf.
4. Sabri Suby, “How HiSmile Grew from a Tiny $20k Investment to $40 Million eCommerce Powerhouse in 3 Years,”King Kong. February 7, 2018. Accessed at https://kingkong.com.au/hismile-grew-tiny-20k-investment-40-million-ecommerce-powerhouse-3-years-detailed-case-study/.
5. “Instagram Marketing: Does Influencer Size Matter?”Markerly, April 11, 2016. Accessed at http://markerly.com/blog/instagram-marketing-does-influencer-size-matter/.

6. “Peers Have Influence Over Consumers, Celebrities Don’t,”Collective Bias, March 29, 2016. Accessed at https://www.collectivebias.com/post/blog-2016-03-non-celebrity-influencers-drive-store-purchases.
7. untitled case study video, IMAgency. Accessed at https://imagency.com/work/ah/.
8. Tanya Dua, “The LaCroix Guide to Tapping ‘Micro-influencers,’”Digiday, May 18, 2016. Accessed at https://digiday.com/marketing/the-lacroix-guide-micro-influencers/.
9. Chris Anderson, “The Long Tail,”*Wired*, October 1, 2004. Accessed at https://www.wired.com/2004/10/tail/.

第七章

1. Nathan Egan, “Your Company Has Thousands of Websites, Not Just One. Social Business Optimization Will Help You Leverage Them All,”PeopleLinx, January 17, 2013.
2. “2018 Edelman Trust Barometer,”January 21, 2018. Accessed at https://www.edelman.com/trust-barometer.
3. James O’Gara, “Are You Underinvesting in the One Thing That Can Truly Drive Growth?”Itsonmessage.com, July 18, 2018. Accessed at https://www.itsonmessage.com/some-companies-win-others-lose/.
4. Aaron Smith and Monica Anderson, “Social Media Use in 2018,”Pew Research Center, March 1, 2018. Accessed at https://www.pewinternet.org/2018/03/01/social-media-use-in-2018/.
5. Doug Kessler, “Employed Media: How Internal Advocates Can Share Your Content Marketing,”Content Marketing Institute, March 24, 2014. Accessed at https://contentmarketinginstitute.com/2014/03/employed-media-internal-share-content-marketing/.

6. Greg Shove, “Marketing That Money Can’t Buy—Getting Employees to Tweet About Work,”*Fast Company*, November 22, 2013. Accessed at https://www.fastcompany.com/3022068/marketing-that-money-cant-buy-getting-employees-to-tweet-about-work.

7. “Prudential Retirement Empowers Its Channel on LinkedIn,”People Linx case study, 2013. Accessed at https://www.slideshare.net/BillConn1/people-linx-prudential-case-study.

8. Mindi Rosser, “5 Important Employee Advocacy Statistics,”Smarp blog, March 9, 2017. Accessed at https://blog.smarp.com/5-important-employee-advocacy-statistics-to-remember.

9. Sarah Goodall, “My Favorite Employee Advocacy Statistics,”Business 2 Community, March 30, 2015. Accessed at https://www.business2 community.com/social-selling/favorite-employee-advocacy-statistics-01193266.

10. Qubist blog, “How Iceland Foods Increased Brand Awareness and Growth Through Their Employee Advocates.”September 20, 2017.

11. Dennis Owen, “What Does Managing Social Media In a Large Company Like Cathay Pacific Mean in Today’s World?”Linkedin, August 29, 2015. Accessed at https://www.linkedin.com/pulse/what-does-managing-social-media-large-company-like-cathay-dennis-owen.

第八章

1. Courtney Eckerle, “Inbound Marketing: How Influencers Grew Website Traffic 204% in Four Months for a Convenience Food Company,”MarketingSherpa, July 20, 2017. Accessed at https://www.marketingsherpa.com/article/case-study/influencers-grew-website-traffic.

2. David Griner, “Lord & Taylor Got 50 Instagrammers to Wear the Same

Dress, Which Promptly Sold Out,"*Adweek*, March 31, 2015. Accessed at https://www.adweek.com/brand-marketing/lord-taylor-got-50-instagrammers-wear-same-dress-which-promptly-sold-out-163791/.

3. "Lord & Taylor Settles FTC Charges It Deceived Consumers Through Paid Article in an Online Fashion Magazine and Paid Instagram Posts by 50 'Fashion Influencers,'"Federal Trade Commission press release, March 15, 2016. Accessed at https://www.ftc.gov/news-events/press-releases/2016/03/lord-taylor-settles-ftc-charges-it-deceived-consumers-through.
4. Imogen Watson, "Influencer Marketing Spend Grows 83%,"The Drum, July 15, 2019. Accessed at https://www.thedrum.com/news/2019/07/15/influencer-marketing-spend-grows-83.
5. See my interview with Codrut Turcanu who specializes in the creation of roundup blog posts here: https://nealschaffer.com/influencer-marketing-roi-roundup-post/.
6. Tor Refsland, "How To Get 20,231 Views With One Epic Roundup Post (Step-By-Step),"Sumo, November 2, 2018. Accessed at https://sumo.com/stories/epic-roundup-post.
7. Influencer Marketing by Shoutcart. Accessed at https://shoutcart.com/.
8. Onalytica case study. Accessed at https://performancein.live/static/img/downloads/onalytica-case-studies.pdf.
9. Saya Weissman, "GE and Instagram Want Aviation Fans to Take a Walk with Them,"*Digiday*, September 4, 2013. Accessed at https://digiday.com/marketing/ge-instagram-aviation/.
10. David Ciancio, "How to Host an Influencer Event at Your Restaurant,"Burger Conquest blog, January 8, 2018. Accessed at https://burgerconquest.com/2018/01/08/how-to-host-an-influencer-marketing-event-at-your-restaurant/.

11. Kristina Monllos, Why More Brands Are Adding Young Influencers to Their Marketing and Creative Teams,"*Adweek*, September 18, 2017. Accessed at https://www.adweek.com/brand-marketing/why-more-brands-are-adding-young-influencers-to-their-marketing-and-creative-teams/.
12. "Why Gary Vaynerchuk Is Putting His Name on a K-Swiss Sneaker,"The Oracles, *Entrepreneur*, November 14, 2017. Accessed at https://www.entrepreneur.com/article/304465.
13. Kaya Yurieff, "Amazon Wants Influencers to Help It Sell Clothes,"CNN Business, June 5, 2019. Accessed at https://www.cnn.com/2019/06/05/tech/amazon-influencers-shopping/.

第九章

1. Neal Schaffer, *Maximize Your Social* (Hoboken, NJ: Wiley, 2013).
2. Relatable, "The 2019 State of Influencer Marketing Report."Accessed at https://www.relatable.me/the-state-of-influencer-marketing-2019.
3. ACTIVATE, "2019 State of Influencer Marketing Study."
4. Arnaud Roy, "The State of Influencer Engagement in 2015,"Launch Metrics, June 18, 2015. Accessed at https://www.launchmetrics.com/resources/blog/state-influencer-engagement.
5. Brendan Lowry, "Can't Afford a Kardashian, Use a Micro-Influencer,"Curalate, August 19, 2016. Accessed at https://www.curalate.com/blog/micro-influencer-brand-marketing/.
6. "Influencer Marketing Benchmark Report: 2019,"Influencer Marketing Hub, May 28, 2019. Accessed at https://influencermarketinghub.com/influencer-marketing-2019-benchmark-report/.
7. Influencer Marketing 2019 Industry Benchmarks,"Mediakix, no date. Accessed at https://mediakix.com/influencer-marketing-resources/

influencer-marketing-industry-statistics-survey-benchmarks/.

8. "The 2018 State of Influencer Marketing Study,"Activate, 2018. Accessed at https://try.activate.social/2018-state-of-influencer-study/.
9. Alfred Lua, "How Much Does Social Media Influencer Marketing Cost?"Buffer, April 4, 2018. Accessed at https://blog.bufferapp.com/influencer-marketing-cost.
10. Instagram Influencer Sponsored Post Money Calculator, https://influencermarketinghub.com/instagram-money-calculator/; Analyze Any Instagram Account for Fake Followers and Engagements, https://hypeauditor.com/.
11. "April 2017 Influencer Rate and Engagement Report,"Influence.co blog, February 19, 2018. Accessed at http://blog.influence.co/instagram-influencer-rates/.
12. Cheryl Smithem, "Food and Beverage Content Marketing Case Studies,"The Balance Small Business, February 24, 2019. Accessed at https://www.thebalancesmb.com/food-and-beverage-content-marketing-case-studies-1326358.

第十章

1. J. Clement, "Distribution of Facebook Users in the United States as of January 2018, by Age Group and Gender,"Statista, May 20, 2019. Accessed at https://www.statista.com/statistics/187041/us-user-age-distribution-on-facebook/.
2. "Age Distribution of Active Social Media Users Worldwide as of 3rd Quarter 2014, by Platform,"Statista, November 17, 2014. Accessed at https://www.statista.com/statistics/274829/age-distribution-of-active-social-media-users-worldwide-by-platform/.

3. Nicholas Carlson, "The Real History of Twitter,"*Business Insider*, April 13, 2011. Accessed at https://www.businessinsider.com/how-twitter-was-founded-2011-4.
4. Claudia Beaumont, "New York Plane Crash: Twitter Breaks the News, Again,"The Telegraph, January 16, 2009. Accessed at https://www.telegraph.co.uk/technology/twitter/4269765/New-York-plane-crash-Twitter-breaks-the-news-again.html.
5. Samantha Murphy, "Twitter Breaks News of Whitney Houston Death 27 Minutes Before Press,"Mashable, February 12, 2012. Accessed at https://mashable.com/2012/02/12/whitney-houston-twitter/.
6. David Shepardson, "Facebook's Zuckerberg to Testify Before Congress: Source,"Reuters. March 27, 2018. Accessed at https://www.reuters.com/article/us-facebook-cambridgeanalytica-britain/facebooks-zuckerberg-will-not-appear-before-uk-parliament-committee-media-idUSKBN1H3121; "Facebook CEO Zuckerberg Called to Testify Before UK-Canadian Committee,"Associated Press, October 31, 2018. Accessed at https://www.bnnbloomberg.ca/u-k-canadian-grand-committee-seeks-to-question-zuckerberg-1.1160983.
7. Case study provided in interview with agency.
8. Kristen Matthews Twitter page, https://twitter.com/KristenWords/.
9. "Deming the Man,"The W. Edwards Deming Institute. Accessed at https://deming.org/deming/deming-the-man.
10. "The State of Influencer Marketing 2019: Benchmark Report,"Influencer Marketing Hub.
11. "Tiny Armies Game Influencer Case Study,"Game Influencer. Accessed at https://gameinfluencer.com/wp-content/uploads/2017/12/Tiny-Armies-GameInfluencer-Case-Study.pdf.

12. Case Studies page. Accessed at https://www.relatable.me/case-studies.

第十一章

1. "CLIF Kid Case Study,"CLEVER. Accessed at https://www.realclever.com/case-study/clif-kid/.
2. Amy Watson, "Average Number of *The Big Bang Theory* Viewers in the United States as of May 2019, by Season (In Millions),"Statista, June 6, 2019. Accessed at https://www.statista.com/statistics/607266/big-bang-theory-viewers-season/.
3. Brendan Lowry, "Can't Afford a Kardashian, Use a Micro-Influencer,"Curalate, August 19, 2016. Accessed at https://www.curalate.com/blog/micro-influencer-brand-marketing/.
4. "Bumble Bee Seafoods: Blogger Outreach,"Fandom Marketing. Accessed at https://fandommarketing.com/knowledge-center/finding-perfect-influencer-for-your-brand/.
5. Andrea Johnson, "Inbound Marketing: How Influencer Marketing Attracted 100,000 Website Clicks to Luxury Mattress Site,"Marketing Sherpa, March 31, 2016. Accessed at https://www.marketingsherpa.com/article/case-study/how-influencer-marketing-attracted-website-clicks.
6. Arthur Hilhorst, "Two Methods to Find the Perfect Influencers,"Onalytica, July 30, 2014. Accessed at www.onalytica.com/blog/posts/influencer-identification-two-methods-to-find-the-perfect-influencers/.
7. "See How Hawaii's Tourism Campaign Wins Big on Instagram,"Mediakix, May 12, 2016. Accessed at https://mediakix.com/blog/instagram-marketing-case-study-hawaii-tourism-campaign/.

第十二章

1. Edgar Alvarez, "Influencer Luka Sabbat Sued for Not Shilling Snapchat Spectacles on Instagram,"*Entrepreneur*, November 1, 2018. Accessed at https://www.entrepreneur.com/article/322672.
2. Adam Sutton, "Social Media Marketing: GNC's Strategy for Courting Online Influencers and Adding 383,000 Facebook Fans,"Marketing Sherpa, February 9, 2012. Accessed at https://www.marketingsherpa.com/article/case-study/gncs-strategy-courting-online-influencers.
3. "What Makes Influencers Want to Work with Brands?"Carusele, November 4, 2015. Accessed at https://blog.carusele.com/makes-influencers-work-with-brands.
4. Keegan Shoutz, "TapInfluence Unveils No. 1 Thing Motivating Social Influencers When Working with Brands, and It's Not Money,"*Business Wire*, November 10, 2016. Accessed at https://www.businesswire.com/news/home/20161110005789/en/TapInfluence-Unveils-No.-1-Motivating-Social-Influencers.
5. "Altimeter and TapInfluence Release the Influencer Marketing Manifesto; Studies of Both Marketers and Influencers Uncovers How to Succeed in the New Social Capital Paradigm,"Venturebeat, July 26, 2016. Accessed at https://venturebeat.com/2016/07/26/altimeter-and-tapinfluence-release-the-influencer-marketing-manifesto-study-of-both-marketers-and-influencers-uncovers-how-to-succeed-in-the-new-social-capital-paradigm/.
6. Dionsios Favata, "How Micro-Influencers Are Upending the Traditional Advertising Model,"*Forbes*, June 8, 2017. Accessed at https://www.forbes.com/sites/forbesnonprofitcouncil/2017/06/08/how-micro-influencers-are-upending-the-traditional-advertising-model/#7197543a39aa.

7. FTC website, September 2017. Accessed at https://www.ftc.gov/policy/international/ftc-international-monthly/september-2017.
8. "Altimeter and TapInfluence Release the Influencer Marketing Manifesto."
9. "What Makes Influencers Want to Work with Brands?"
10. Johnny Lieu, "NBA Draft No. 1 Pick Markelle Fultz Could Use Some Work on His Paid Instagram Post Game,"Mashable, June 23, 2017. Accessed at https://mashable.com/2017/06/23/markelle-fultz-instagram-post/.
11. Alysha Tsuji, "Deandre Ayton Latest to Make Comical Error of Forgetting to Edit a Sponsored Post,"*USA Today*, June 20, 2018. Accessed at https://ftw.usatoday.com/2018/06/deandre-ayton-nba-draft-sponsored-tweet-mistake-social-media-post-funny-oops.

第十三章

1. Jimmy Doheny, "How JClub Drove $16K in Sales and Achieved 550% ROI with Micro-Influencers on Dealspotr,"Dealspotr blog. Accessed at https://dealspotr.com/article/jclub-micro-influencer-marketing-case-study.
2. "The Forrester New Wave: Influencer Marketing Solutions, Q4 2018,"Forrester, December 11, 2018. Accessed at: https://www.forrester.com/webinar/The+Forrester+New+Wave+Influencer+Marketing+Solutions+Q4+2018/-/E-WEB26807.

第十四章

1. Jacques Bughin, "A New Way to Measure Word-of-Mouth Marketing,"*McKinsey Quarterly*, April 2010.

2. "2014 Influencer Marketing Benchmarks Report, " Burst Media, March 2015. Accessed at http://intelligence.communicatieonline.nl / sites/default/files/80fa_burstmedia_2014_influencer_marketing_benchmarks_report.pdf.
3. Patrick Coffee, "Study: Influencer Marketing Pays $6.50 for Every Dollar Spent,"*Adweek*. March 26, 2015. Accessed at https://www.adweek.com/digital/study-influencer-marketing-pays-6-50-for -every-dollar-spent/.

第十五章

1. Mathew Ingram, "Here's Why Trust in Media Is at an All-time Low,"*Fortune,* September 15, 2016. Accessed at https://fortune.com/2016/09/15/trust-in-media/.
2. Suzanne Kapner, "Inside the Decline of Sears, the Amazon of the 20th Century,"*The Wall Street Journal*, October 31, 2017. Accessed at https://www.wsj.com/articles/inside-the-decline-of-sears-the-amazon-of-the-20th-century-1509472095.
3. Robinson Meyer, "Mark Zuckerberg Says He's Not Resigning,"*The Atlantic*, April 9, 2018. Accessed at https://www.theatlantic.com/technology/archive/2018/04/mark-zuckerberg-atlantic-exclusive/557489/.
4. Jakob Nielsen, "The 90-9-1 Rule for Participation Inequality in Social Media and Online Communities,"Nielsen Norman Group. October 9, 2006. Accessed at https://www.nngroup.com/articles/participation-inequality/; Charles Arthur, "What Is the 1% Rule?"*The Guardian*, July 19, 2006. Accessed at https://www.theguardian.com/technology/2006/jul/20/guardianweeklytechnologysection2.
5. Jacques Bughin, "Getting a Sharper Picture of Social Media's

Influence,"McKinsey, July, 2015. Accessed at https://www.mckinsey.com/business-functions/marketing-and-sales/our-insights/getting-a-sharper-picture-of-social-medias-influence.

6. Richard Fry, "Millennials Are the Largest Generation in the U.S. Labor Force,"FactTank, Pew Research Center, April 11, 2018. Accessed at http://www.pewresearch.org/fact-tank/2018/04/11/millennials-largest-generation-us-labor-force/.
7. "What Is the Social Proof Theory?"The Psychology Notes HQ, August 31, 2015. Accessed at https://www.psychologynoteshq.com/social-proof/.

第十六章

1. Mike Neumeier, "Branding by Trust: The Rise of the B2B Influencer,"Forbes, October 2, 2017. Accessed at https://www.forbes.com/sites/forbescommunicationscouncil/2017/10/02/branding-by-trust-the-rise-of-the-b2b-influencer/#5315507651a6.
2. Cory Wainwright, "Why Blog? The Benefits of Blogging for Business and Marketing,"HubSpot, September 30, 2015. Accessed at https://blog.hubspot.com/marketing/the-benefits-of-business-blogging-ht.
3. Nicholas Confessore and Gabriel J. X. Dance, "Battling Fake Accounts, Twitter to Slash Millions of Followers,"*The New York Times*, July 11, 2018. Accessed at https://www.nytimes.com/2018/07/11/technology/twitter-fake-followers.html.
4. Christopher Wilson, "Trump Mad Over Losing Twitter Followers, White House Confirms,"Yahoo News, April 24, 2019. Accessed at https://www.aol.com/article/news/2019/04/24/trump-mad-over-losing-twitter-followers-white-house-confirms/23716640/.
5. Kevin Roose, "Don't Scoff at Influencers. They're Taking Over the

World,"*The New York Times*, July 16, 2019. Accessed at https://www.nytimes.com/2019/07/16/technology/vidcon-social-media-influencers.html.

第十七章

1. David Cohen, "Facebook Officially Launches Lookalike Audiences,"*Adweek*, March 19, 2013. Updated article accessed at https://www.adweek.com/digital/lookalike-audiences/.
2. Meghan Graham, "Fake Followers in Influence Marketing Will Cost Brands $1.3 Billion This Year, Report Says,"CNBC, July 24, 2019. Accessed at https://www.cnbc.com/2019/07/24/fake-followers-in-influencer-marketing-will-cost-1point3-billion-in-2019.html.